TEST YOUR ARABIC

A book which every learner of Arabic needs

Beginners' Level

Luay Hasan

Acknowledgments

I would like to thank all those who kindly helped me to write and produce this book. In particular colleagues I have been working with for their useful and appreciated opinions and suggestions, my students throughout years of teaching Arabic as a foreign language for their interesting and helpful feedback and comments and finally to the publishers for their professionalism and commitments.

Introduction

This is an activity and reference book, which is based on a well-tried method of teaching and assessing Arabic language. It is designed to be a supplementary book, which can take beginner students gradually to assess and build up their Arabic. In this book, particular attention is given to improve reading and writing skills and the book can be simply used for academic courses, small group classes or for self-study. In addition, it helps learners to master basic vocabulary and grammar, understand comprehensively basic texts and some adapted and authentic texts and enable them independently to carry on their Arabic course to the intermediate level. A variety of useful and interesting exercises are included in this book which are built on years of experience in teaching Arabic as a foreign language and fully understanding of what beginner students need to improve their language skills.

You might find some exercises slightly difficult or different, however that should not concern you a lot, as your course or the textbook you are using might be following a different style or method in terms of the structure or grammar introduction.

All exercises have their answers at the end of the book, which can be used as a glossary of vocabulary, such as numbers, days of the week and seasons or as a topic (text).

Some sub-questions might be repeated throughout the book for the reason of reminding students of some important grammatical categories.

Finally, I hope this book will find its way to students and teachers alike, and your comments and suggestions would be very welcomed and highly appreciated and help to make this book closer to its aims and they can be thankfully incorporated in the next edition.

Luay Hasan   2015

Luaybooks@gmail.com

General notes to learn Arabic

Before you start your Arabic course, there are some basic notes you need to know or learn:

- Arabic contains 28 letters and most of them have their equivalents in English.

- Arabic is written and read from right to left.

- Each letter in Arabic has three different shapes, which are initial, medial and final according to its position in the word, although some of these shapes in most letters are more or less similar.

- Arabic written in cursive form for each word, however some letters are exceptional.

- Arabic has no capital letters and all words (letters) should be written in one way (size).

- Dots are very important in Arabic, as they might be the only way to differentiate between some letters, which have the same shape.

- Arabic has only one definite article, which is (al), no matter if the word is masculine or feminine or singular, dual or plural.

- Arabic has different fonts and, like other languages, the printed versions might be slightly different from the handwritten versions.

- It is very important to use a lined sheet of paper to learn how to write the Arabic letters (words) and improve your writing skills.

- You should always finish the whole word and then go back to write dots or other required things or vocalisation.

- Arabic is a phonetic language. In other words, every letter must be pronounced and every sound must be written. However, there are some few exceptions, which you will see them throughout your course.

Q1/ Write the following words (names or brands) in English.

(Reading skills)

1- س + و + ن + ي

2- ب + و + ب + ي

3- ك + و + د + ا + ك

4- س + ا + م

5- س + و + ز + و + ك + ي

6- ت + و + م

7- ك + ا + س + ي + و

8- ل + و + س + ي

9- ه + و + ن + د + ا

10- ت + و + ن + ي

11- م + ا + ر + ي + و + ت

12- س + ا + ر + ا

Q2/ Write the following words (names or brands) in Arabic.

(Remember, Arabic is written and read from right to left)

(Writing skills)

1- MAZDA ---------- + ---------- + ---------- + ---------- + ---------- + ----------

2- RITA ---------- + ---------- + ---------- + ---------- + ---------- + ----------

3- SANYO ---------- + ---------- + ---------- + ---------- + ---------- + ----------

4- LORA ---------- + ---------- + ---------- + ---------- + ---------- + ----------

5- TOYOTA ---------- + ---------- + ---------- + ---------- + ---------- + ----------

6- SANDY ---------- + ---------- + ---------- + ---------- + ---------- + ----------

7- MARS ---------- + ---------- + ---------- + ---------- + ---------- + ----------

8- ROSIE ---------- + ---------- + ---------- + ---------- + ---------- + ----------

9- FORD ---------- + ---------- + ---------- + ---------- + ---------- + ----------

10- TANIA ---------- + ---------- + ---------- + ---------- + ---------- + ----------

11- CANON ---------- + ---------- + ---------- + ---------- + ---------- + ----------

12- SUSHI ---------- + ---------- + ---------- + ---------- + ---------- + ----------

Q/3 Match between the following Arabic words and their English equivalents (names or brands).

(Reading skills)

A- TOYOTA	**1- لورا**
B - GEORGE	**2- فورد**
C - SONY	**3- ساندي**
D - RITA	**4- تويوتا**
E - NATALIA	**5- سوني**
F - SAAB	**6- كوداك**
G - NANCY	**7- جورج**
H - LORA	**8- ناتاليا**
I - FORD	**9- أندرو**
J - SANDY	**10- ساب**
K - ANDREW	**11- نانسي**
L - KODAK	**12- ريتا**

Q4/ Match between the following Arabic words and their English equivalents (names or brands).

(Reading skills)

A - MARS	1- جون
B - JOHN	2- سانيو
C - NIDO	3- مارز
D - RADO	4- نيدو
E - VOLVO	5- كاثرين
F - SANYO	6- مازدا
G - COLA	7- فولفو
H - SHARP	8- ماري
I - CATHERINE	9- تانيا
J - TANIA	10- رادو
K - MARY	11- كولا
L - MAZDA	12- شارب

Q5/ Help your classmates below to find out their names in Arabic.

(Reading skills)

A - Catherine	1- تينا
B - Rita	2- سارا
C - Mark	3- داني
D - Juliet	4- سالي
E - Tina	5- كاثرين
F - Romeo	6- لارا
G - Sally	7- روميو
H - Danny	8- مارك
I - Sara	9- جولييت
J - Tomas	10- كريستوفر
K - Lara	11- ريتا
L - Cristopher	12- توماس

Q6/ Write each letter (three positions) of the Arabic Alphabet below.
(Writing skills)

FINAL	MEDIAL	INITIAL	LETTER
.....	.....	.....	ا
.....	.....	.....	ب
.....	.....	.....	ت
.....	.....	.....	ث
.....	.....	.....	ج
.....	.....	.....	ح
.....	.....	.....	خ
.....	.....	.....	د
.....	.....	.....	ذ
.....	.....	.....	ر
.....	.....	.....	ز
.....	.....	.....	س
.....	.....	.....	ش
.....	.....	.....	ص
.....	.....	.....	ض
.....	.....	.....	ط
.....	.....	.....	ظ
.....	.....	.....	ع
.....	.....	.....	غ
.....	.....	.....	ف
.....	.....	.....	ق
.....	.....	.....	ك
.....	.....	.....	ل
.....	.....	.....	م
.....	.....	.....	ن
.....	.....	.....	ه
.....	.....	.....	و
.....	.....	.....	ي

Q7/ Read the following words (cities and countries) and write them in English.

(Reading skills)

1- مَدريد   بانكوك   لوس أنجلس   سِدني

موسكو   سان فرانسيسكو   مَيامي   أمستِردام

ليدز   كان   نيوكاسل   مومباي

رِيو   بوردو   دَبلن   بون

روتردام   بَيروت   لاهور   نيويورك

2- تونِس   باريس   روما   طوكيو

شيكاغو   ماليزيا   ميلانو   بيرو

ساوباولو   أثينا   أفغانستان   موناكو

طَهران   واشِنطن   أوتاوا   إسطنبول

جِنيف   براغ   سِنغافورة   بَرشَلونة

Q8/ Find the words (sentence) after you complete the crosswords (cities and countries) below.
(Reading skills)

ب	ل	ا	ي	ز	ي	ل	ا	م	ر
و	ي	و	و	ي	ك	و	ط	و	ل
ن	د	ا	ذ	ه	د	ب	ت	ك	ن
ت	ز	ر	ا	ب	و	ر	ن	ا	د
ا	م	ش	ي	ر	د	ب	ي	ن	ن
ي	ي	و	د	ا	ي	م	س	ت	ر
ل	ل	و	م	ر	و	س	و	و	ر
ا	ا	م	و	س	د	ن	م	ي	م
ن	ن	ت	ك	ن	س	ا	و	ا	ت
د	و	و	ي	ز	ر	و	ه	ا	ل

1- لَندَن
2- بون
3- ماليزيا
4- كان
5- طوكيو
6- روما
7- ميلانو
8- تايلاند
9- نيس
10- ليدز
11- وارشو
12- بوردو
13- لاهور
14- تونِس
15- روتردام
16- رِيو
17- دُبَي
18- موسكو
19- سِدني
20- بَيروت

Q9/ Match each word with the correct picture below.

(Vocabulary improvement)

A

B

C

D

E

F

G

H

1- بَيت ....

2- قَلَم ....

3- سَيّارة ....

4- كَلب ....

5- كِتاب ....

6- دَرّاجة ....

7- قِطّة ....

8- صورة ....

Q10/ Match each word with the correct picture below.

(Vocabulary improvement)

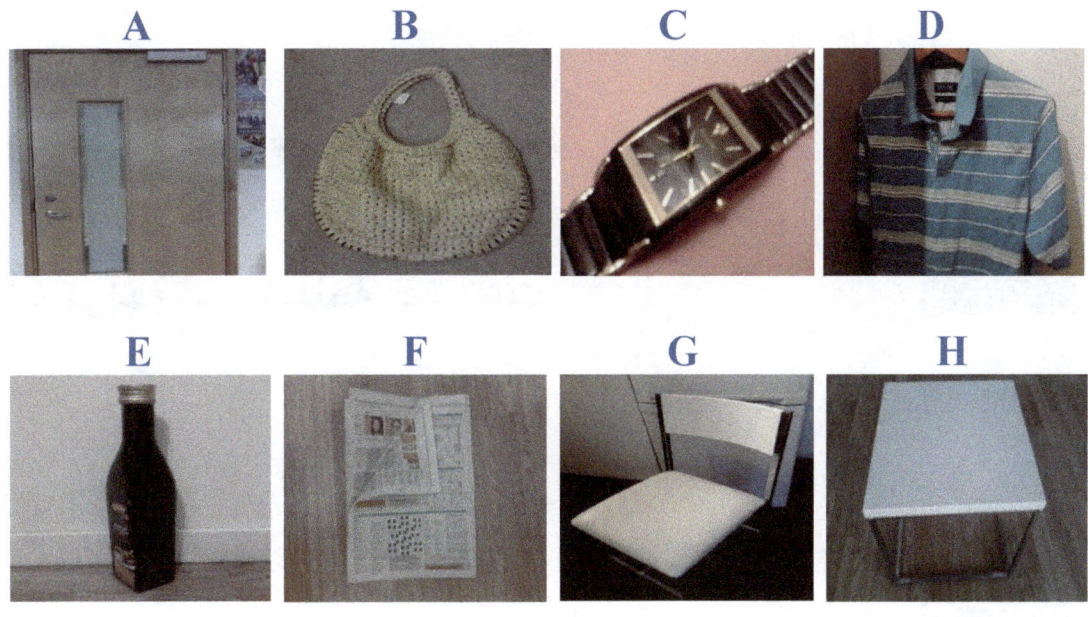

A

B

C

D

E

F

G

H

1- ساعة ....

2- باب ....

3- جَريدة ....

4- مائدة ....

5- قَميص ....

6- زُجاجة ....

7- كُرسي ....

8- حَقيبة ....

Q11/ Choose the correct word below to match each picture.

(Reading skills and vocabulary)

1- قلم   -   ساعة   -   كتاب

2- دراجة - زجاجة - بيت

3- كلب - قطة - سيارة

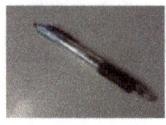

4- قلم - وَلَد - كتاب

5- صورة - حقيبة - كلب

6- زُجاجة - بيت - كرسي

7- سيارة - دراجة - ساعة

8- قطة - مائدة - قلم

9- دراجة - بيت - قميص

10- باب - سيارة - كلب

Q12/ Fill in the gaps.

(Grammar and vocabulary)

Example

ما هذا؟   هذا كتاب.

1- ما هذا؟   هذا ــــــــــــ .

2- ما هذِهِ؟   هذه ــــــــــــ .

3- ما هذا؟   هذا (هُوَ) ــــــــــــ .

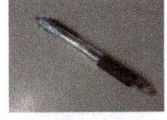

4- ما هذِهِ؟   هذه (هِيَ) ــــــــــــ .

5- ما ـــــــ؟   ــــــــ   ــــــــــــ .

6- ما ـــــــ؟   ــــــــ   ــــــــــــ .

7- ما ـــــــ؟   ــــــــ   ــــــــــــ .

8- ما ـــــــ؟   ــــــــ   ــــــــــــ .

17

Q13/ Fill in the gaps.

(Grammar and vocabulary)

Example

هَل هذِهِ زُجاجة؟ لا، هذه حقيبة.

1- هَل هذا باب؟ _____ ، _____.

2- هَل هذه صورة؟ _____ ، _____.

3- هل هذا شُبّاك؟ _____ ، _____.

4- هل هذه حقيبة؟ _____ ، _____.

5- هل هذا شارِع؟ _____ ، _____.

6- هل هذه ساعة؟ _____ ، _____.

7- هل هذا تِلِفون؟ _____ ، _____.

8 - هل هذه جريدة؟ _____ ، _____.

Q14/ Reply to the following questions (make it up).

(Grammar and writing skills)

1- أنا زَيد، وَأنتَ؟

أنا _____.

2- أنا دُنيا، وَأنتِ؟

أنا _____.

3- أنا _____، وأنت؟

_____.

4- مَن أنت؟

_____.

Q15/ Fill in the gaps with names (make it up).

(Writing skills)

1- هذا _____، وهذِهِ _____.

2- هذا _____، وهذه _____.

3- هذا _____، وهذه _____.

19

Q16/ Fill in the gaps (make it up).

(Grammar and writing skills)

1- مَن هذا؟

هذا (هُوَ) ـــــــــــــــ .

مِن أينَ هُوَ؟

هو ـــــــــــ ـــــــــــــــــــــ .

2- مَن هذِهِ؟

هذه (هِيَ) ـــــــــــــــ .

مِن أينَ هِيَ؟

هي ـــــــــ ـــــــــــــــــــ .

3- مَن هذا؟

هذا (هو) ـــــــــــــــــــ .

مِن أين هو؟

هو ـــــــــ ـــــــــــــــــ .

4- مَن هذه؟

هذه (هي) ـــــــــــــــــــ .

مِن أين هي؟

هي ـــــــــــ ـــــــــــــــ .

Q17/ Fill in the gaps (make it up).

(Grammar and writing skills)

Example

هَل عِندَكَ قَلَم؟

نَعَم، عِندي قلم.

1- هل عِندَكَ ـــــــــــــــــ؟

ـــــــــــــــــ، ـــــــــــــــــ.

2- هل عِندَكِ ـــــــــــــــــ؟

ـــــــــــــــــ، ـــــــــــــــــ.

3- هل عِندَكَ ـــــــــــــــــ؟

ـــــــــــــــــ، ـــــــــــــــــ.

4- هل عِندَكِ ـــــــــــــــــ؟

ـــــــــــــــــ، ـــــــــــــــــ.

5- هل عندكَ ـــــــــــــــــ؟

ـــــــــــــــــ، ـــــــــــــــــ.

6- هل عندكِ ـــــــــــــــــ؟

ـــــــــــــــــ، ـــــــــــــــــ.

Q18/ Fill in the gaps.
(Writing skills)
Examples

ال + مَلِك = المَلِك   ال + مَلِكة = المَلِكة

1- ال + وَزير = ـــــــ   2- ال + وَزيرة = ـــــــ

3- ال + كِتاب = ـــــــ   4- ال + بَيت = ـــــــ

5- ال + وَلَد = ـــــــ   6- ال + بِنت = ـــــــ

7- ال + كَلب = ـــــــ   8- ال + جَريدة = ـــــــ

Q19/ Read the following words and decide whether they start with a sun or moon letter.

1- الدراجة ـــــــ

2- البيت ـــــــ

3- النجار ـــــــ

4- الساعة ـــــــ

5- القلم ـــــــ

6- الكرسي ـــــــ

7- الزجاجة ـــــــ

8- الصورة ـــــــ

9- الجريدة ـــــــ

10- الليمون ـــــــ

22

Q20/ Reply to the following questions.

(Grammar and writing skills)

1- هل عندكَ دراجة ؟

....

2- هل عندكِ قطة ؟

....

3- هل عندكَ قلم؟

....

4- هل عندكِ كلب؟

....

Q21/ Write the following numbers (1-10) in the correct order.
Number one is already written.

(سَبعة - عَشَرة - إثنان/اِثنَين - ثَمانِية - أربَعة - سِتّة - خَمسة - تِسعة - ثَلاثة)

1- واحِد
2- ....
3- ....
4- ....
5- ....
6- ....
7- ....
8- ....
9- ....
10- ....

Q22/ Match between the following words (family members) and their meanings in English.

(Vocabulary)

sister	أَب
son	أُخت
brother	إِبن
father	أَخ
wife	بِنت
mother	أُمّ
daughter	زَوجة
husband	زَوج

Q23/ Write these words (days of the week) in the correct order. The first day (Saturday) is already written.

(الثُّلاثاء ـ الجُمُعة ـ الاثنَين ـ الأَحَد ـ الخَميس ـ الأَربِعاء ـ السَّبت)

1- يَوم   السَّبت

2- يَوم ـــــــــ

3- يَوم ـــــــــ

4- يوم ـــــــــ

5- يوم ـــــــــ

6- يوم ـــــــــ

7- يوم ـــــــــ

Q24/ Match the following adjectives with their meanings in English.

old	1- جَميل
cold	2- قَديم
black	3- مَكسور
tall / long	4- صَغير
small	5- أَسود
cheap	6- ثَقيل
weak	7- ضَعيف
beautiful	8- طَويل
broken	9- بارِد
heavy	10- رَخيص

Q25/ Match each adjective below with its opposite one.

كَبير	1- جَميل
أَبيَض	2- قَديم
قَصير	3- مَكسور
حارّ	4- صَغير
قَوِيّ	5- أَسوَد
خَفيف	6- طَويل
قَبيح	7- ضَعيف
غالٍ	8- ثَقيل
جَديد	9- بارِد
سَليم	10- رَخيص

Q26/ Decide whether the following sentences are correct or not and correct the incorrect ones.

(Grammar)

correct   = صَحيحة
incorrect = خاطِئة

1- هذا زجاجة جديد.

2- هذه سيارة صغيرة.

3- هذه قلم سليم.

4- هذه دراجة جديد.

5- هذا باب أبيض.

6- هذا حقيبة ثقيلة.

7- هذا كلب صغيرة.

8- هذه زجاجة مكسور.

9- هذا قميص أسود.

10- هذه مِفتاح قديمة.

11- هذا قطة جديد.

12- هذه ساعة رخيص.

Q27/ Write the meaning of the following words in English.

1- دراجة _____

2- مكسور _____

3- بيت _____

4- مريض _____

5- بين _____

6- ساعة _____

7- مهندس _____

8- حار _____

9- هذه _____

10- كلب _____

Q28/ Translate the following sentences into English.

1- هذا كتاب جديد، وَهذا كتاب قديم.

_____ .

2- هذه سيارة كبيرة، وَهذه سيارة صغيرة.

_____ .

3- هذا كلب جميل، وهذا كلب قبيح.

_____ .

4- هذه حقيبة ثقيلة، وهذه حقيبة خفيفة.

_____ .

5- هذا قلم مكسور، وهذا قلم سليم.

_____ .

6- هذه بنت طويلة، وهذه بنت قصيرة.

_____ .

Q29/ Match between the following Arabic sentences and their English equivalents.

1- هذا الكلب جميل.

A - The book is new.

2- الكتاب جديد.

B - This is a small car.

3- هذا كتاب جديد.

C - The pen is working.

4- هذه الحقيبة ثقيلة.

D- The door is white.

5- الباب أبيض.

E - This door is white.

6- هذا قلم سليم.

F - The dog is beautiful.

7- الكلب جميل.

G - This bag is heavy.

8- هذا الباب أبيض.

H - This dog is beautiful.

9- القلم سليم.

I - This is a new book.

10- هذه سيارة صغيرة.

J - This is a working pen.

Q30/ Complete the possessive articles of the following words.
The first person (I) is an example.

			كتاب	بيت	سيّارة	صورة
-1	أنا	(ي)	كتابي	بيتي	سيّارتي	صورتي
-2	أنتَ	(كَ)	--------------	--------------	--------------	--------------
-3	أنتِ	(كِ)	--------------	--------------	--------------	--------------
-4	هُوَ	(هُ)	--------------	--------------	--------------	--------------
-5	هِيَ	(ها)	--------------	--------------	--------------	--------------
-6	نَحنُ	(نا)	--------------	--------------	--------------	--------------
-7	أَنتُم	(كُم)	--------------	--------------	--------------	--------------
-8	هُم	(هُم)	--------------	--------------	--------------	--------------

Q31/ Reply to the following questions (make it up).

Example

أَينَ كتابُكَ؟ كتابي في الحقيبة.

-1 أين قلمُكِ؟ --.

-2 أين ساعتُكَ؟ --.

-3 أين حقيبتُهُ؟ --.

-4 أين صورتُها؟ --.

-5 أين سيّارتُكُم؟ --.

-6 أين بيتُهُم؟ --.

Q32/ Match between the following words (jobs) and their meanings in English.

student	1- مُدَرّس
doctor	2- مُحاسِب
engineer	3- مُهَندِس
carpenter	4- طَبيب
teacher	5- خَبّاز
baker	6- نَجّار
accountant	7- مُوَظَّف
employee	8- طالِب

Q33/ Read the text and match between each person and his/her job.

مَرحَباً... أَنا زَيد، وَأنا مُدَرّس. هذا أَبي نادِر، وَهُوَ مُحاسِب.
وَهذِهِ أُمّي زَينَب، وَهِيَ خَبّازة. هذِهِ زَوجَتي دُنيا، وهِيَ طبيبة.
هذا أَخي مَحمود، وهُوَ نَجّار. وهذِهِ أُختي دينا، وهِيَ مُهَندِسة.
هذا اِبني بَدر، وهُوَ طالِب. هذِهِ بِنتي نور، وهِيَ طالِبة.

طالب / طالبة	1- دُنيا
مهندس / مهندسة	2- نادر
طالب / طالبة	3- بدر
محاسب / محاسبة	4- دينا
طبيب / طبيبة	5- محمود
خباز / خبازة	6- نور
نجار / نجارة	7- زينب
مدرس / مدرسة	8- زيد

Q34/ Write the dual of the following words.

Example

1- وَلَد　　　ولدان / ولدَين

2- قَلَم ....

3- ساعة ....

4- طالِب ....

5- بِنت ....

6- صورة ....

7- كِتاب ....

8- زُجاجة ....

9- سَيّارة ....

10- كَلب ....

Q35/ Match each word in group (A) with the most appropriate word in group (B).

A

مَريض	مُهندِس	طالِب	أُمّ	خَبّاز

B

اِبن	طَبيب	مَطعَم	مَكتَب	دَرس

Q36/ Translate the following sentences into English.

1- أنا من تونِس.

---.

2- هل أنت تعبانة؟

---?

3- الكتاب على الكرسي.

---.

Q37/ Rewrite the following sentences in the right order (<u>some words are flexible</u>).

1- أسود - هُناكَ - قلم - تَحتَ - المائدة.

---.

2- سيارة - لِكِن - دراجة - عندي - ما - عندي.

---.

3- أبي - وهو - أحمد - هذا - نَجّار.

---.

4- مُدرّس - المَدرَسة - حُسَين - في - جديد.

---.

5- من - قديم - السوق - لكن - الكبير - بيتي - قريب .

---.

38/ Match between the following words (seasons and weather adjectives) and their meanings in English.

sunny	1- الرَّبيع
autumn	2- بارِد
snowing	3- مُمطِر
hot	4- الصَّيف
winter	5- مُشمِس
moderate	6- مُثلِج
summer	7- الشّتاء
cold	8- مُعتَدِل
spring	9- الخَريف
rainy	10- حارّ

Q39/ Reply to the following questions (make it up).

Example

هل أنتَ طالِب؟ نعم، أنا طالب.   /   لا، أنا خبّاز.

1- هل أنتِ مُهَندِسة؟ -------------------.

2- هل أنتَ نَجّار؟ -------------------.

3- هل أنت طَبيبة؟ -------------------.

4- هل أنت مُحاسِب؟ -------------------.

33

Q40/ Fill in the gaps using a word from the list below and make the necessary (grammatical) changes.

(كبير ـ قصير ـ جميل ـ أسود ـ غالٍ ـ مشغول ـ قديم ـ طويل

جديد ـ حار ـ صغير ـ رخيص ـ بارد ـ تعبان ـ بعيد ـ لطيف)

1- هذا قميص ------------.

2- عندي سيارة ------------.

3- في بيتي كرسي ------------.

4- هذه هي المُدَرّسة ------------ في المدرسة.

5- عندنا كلب ------------ و ------------.

6- هذا المَطعَم ------------.

7- ساعتي الجديدة ------------.

8- الجو اليوم ------------.

9- أخي ------------ مهندس، وأُختي ------------ طالبة.

10- أنا ------------ اليوم.

11- باب الجامِعة ------------ اليوم.

12- أَمامَ بيتي شارِع ------------.

Q41/ Match between the following words or phrases (greetings/complements) and their English equivalents.

Hello

Congratulations

Hello (reply)

Good morning

Good morning (reply)

Good evening (reply)

Good evening

1- السَّلامُ عَلَيكُم

2- صَباح الخَير

3- مَساء الخَير

4- عَلَيكُم السَّلام

5- صَباح النّور

6- مَبروك

7- مَساء النّور

Q42/ <u>Reply</u> to the following greetings/complements in Arabic.

1- Hello.

•---------------------------------

2- Good morning.

•---------------------------------

3- Good evening.

•---------------------------------

4- Congratulations!

•---------------------------------

Q43/ Match between the following greetings/complements and their right replies.

1- مَرحَباً	عَلَيكُم السَّلام
2- صَباح الخَير	مَساء النّور
3- شُكراً	مَعَ السّلامة
4- السَّلامُ عَلَيكُم	عَفواً
5- مَساء الخَير	مَرحَباً
6- مَبروك	شُكراً
7- مَعَ السّلامة	صَباح النّور

Q44/ Fill in the gaps (make it up).

بِطاقة شَخصِيّة

Identity Card

الإسم: ....

تاريخ الميلاد: ....

مَكان الميلاد: ....

إسم الأب: ....

إسم الأم: ....

إسم الزوجة: ....

الأولاد:

-1 ....

-2 ....

-3 ....

Q45/ Read this email and match between the following words or phrases and their meanings in English.

رِسالة أَلِكترونِيّة

email

مَرحَباً، زينب.

كَيفَ حالُكِ؟ شُكراً على رسالَتِكِ الألِكترونِيّة، ومَبروك على النَّجاح.

أنا في مَدينة لَندن. وَصَلتُ اليَوم صباحاً.

أراكِ غَداً في الحَفلة في بيت نور.

مع السلامة

أحمد

1- أراكِ

2- حَفلة

3- مَبروك

4- غَداً

5- نَجاح

6- وَصَلتُ

tomorrow

success/passing

party

I'll see you

congratulations

I arrived

Q46/ Read the text and answer the following questions.

مَرحبا،

أنا زَيد، وأنا مُدَرّس. هذِهِ زَوجَتي دُنيا، وهي مُحاسِبة. هذا أبي نادِر، وهو طَبيب. هذه أُمّي زَينَب، وهي مُمَرّضة. هذا أخي مَحمود، وهو مُهَندِس. هذه أُختي دينا، وهي خَبّازة. هذا اِبني بَدر، وهو طالِب. هذه بِنتي نور، وهي طالِبة.

1- هل نادِر مُدَرّس؟ ....

2- مَن دُنيا؟ ....

3- هل مَحمود مُهَندِس؟ ....

4- مَن دينا؟ وهل هي طالِبة؟ ....

5- هل نور طَبيبة؟ ....

Q47/ Introduce yourself, your job and two of your family members (male/female) and their jobs.

1- أنا ....، وأنا ....

2- هذا ....، وهو ....

3- هذه ....، وهي ....

Q48/ Match between the following words (places of work) and their meanings in English.

1- مَدرَسة	school
2- مَصنَع	market
3- مُستَشفى	library/bookshop
4- مَصرَف (بَنك)	hospital
5- مَكتَب	office
6- مَكتَبة	bank
7- جامِعة	factory
8- شَرِكة	company
9- سوق	university
10- مَطعَم	restaurant

Q49/ Match between the following jobs and their places of work.

1- مُدَرّس	مَصنَع
2- مُحاسِبة	شَرِكة
3- طَبيب	بَنك
4- مُهَندِسة	مَكتَب
5- مُحامِية	مَدرَسة
6- نَجّار	جامِعة
7- خَبّاز	مُستَشفى
8- طالِبة	مَطعَم

Q50/ Read the following text and choose the correct places these people work at.

بَدر

أنا بَدر، وأنا مُحاسِب في بَنك. هذه زَوجَتي سارة، وهي مُمَرِّضة في مُستَشفى. هذا أبي أحمَد، وهو نَجّار في مَصنَع. زَينَب أُمّي، وهي خَبّازة في مَطعَم. هذا أخي نادِر، وهو مُهَندِس في شَرِكة. هذه أُختي لَيلى، وهي مُحامِية في مَكتَب. هذا اِبني زَيد، وهو مُدَرِّس في مَدرَسة. وهذه بِنتي نور، وهي طالِبة في الجامِعة.

He - She works يَعمَل - تَعمَل

1- سارة تَعمَل في .... (بَنك - مُستَشفى - جامِعة)

2- أحمد يَعمَل في .... (مَصنَع - مَكتَبة - سوق)

3- بدر يَعمَل في .... (شَرِكة - مَطعَم - بَنك)

4- لَيلى تَعمَل في .... (مَكتَب - مَكتَبة - مُستَشفى)

5- زَيد يَعمَل في .... (بَنك - سوق - مَدرَسة)

6- نادر يَعمَل في .... (مَدرَسة - شَرِكة - جامِعة)

Q51/ Choose the correct translation of the following sentences.

1- هذا بَيت جَديد.

A- This house is new.
B- This is the new house.
C- This is a new house.

2- هذه السَيّارة قَديمة.

A- This is an old car.
B- This car is old.
C- This is the old car.

3- هذا الجَبَل بَعيد.

A- This mountain is far.
B- This is the far mountain.
C- This is a far mountain.

4- هذه البِناية الجَديدة.

A- This is a new building.
B- This is the new building.
C- This building is new.

5- هذا بَحر جَميل.

A- This is the beautiful sea.
B- This sea is beautiful.
C- This is a beautiful sea.

Q52/ Choose the correct translation of the following sentences.

1- This is a new car.

أ‑   هذه   السَيّارة   جَديدة.

ب‑   هذه   سَيّارة   جَديدة.

ج‑   هذه   السَيّارة   الجَديدة.

2- This is the long street.

أ‑   هذا   شارِع   طَويل.

ب‑   هذا   الشارِع   طَويل.

ج‑   هذا   الشارِع   الطَويل.

3- This forest is beautiful.

أ‑   هذه   الغابة   جَميلة.

ب‑   هذه   غابة   جَميلة.

ج‑   هذه   الغابة   الجَميلة.

4- This is a big sea.

أ‑   هذا   البَحر   كَبير.

ب‑   هذا   بَحر   كَبير.

ج‑   هذا   البَحر   الكَبير.

5- This building is old.

أ‑   هذه   بِناية   قَديمة.

ب‑   هذه   البِناية   القَديمة.

ج‑   هذه   البِناية   قَديمة.

Q53/ Translate the following sentences into English.

1- هذه البِناية جَديدة.

.--

2- هذا البَحر بَعيد.

.--

3- هذه الحَديقة كَبيرة.

.--

4- هذا البَيت القَديم.

.--

5- هذه غابة جَميلة.

.--

6- هذا الجَبَل الكَبير.

.--

7- هذه السَّيّارة قَديمة.

.--

8- هذا شارِع بَعيد.

.--

Q54/ Match between the following words and their meanings in English.

1- قديم	table
2- جريدة	black
3- ممرّضة	old
4- فَوقَ	thank you
5- شكرا	nurse
6- مائدة	school
7- شبّاك	above
8- مدرسة	bag
9- حقيبة	window
10- أسود	newspaper

Q55/ Match between the following words or phrases (directions) and their meanings in English.

1- هُناكَ

in the middle

2- لَيسَ هُناكَ

in front of

3- في وَسَط

there (is/are) no

4- بِجانِب

to the left

5- أمامَ

there (is/ are)

6- وَراءَ

to the right

7- عَلى يَمين

behind

8- عَلى يَسار

next to

Q56/ Choose the correct word from the list below to fill in the gaps.

(بَينَ - جميل - جديدة - القَديم - الجميل - شَجَرة - وَسَط
بَعيد - الجَديدة - يَمين - الطَويل - كبير - طويل - وَراءَ)

هذِهِ غابة كَبيرة. في ـــــــــ الغابة هُناكَ بَيت قَديم، وأمامَ البَيت هُناكَ سَيَّارة ـــــــــ. بِجانِب البَيت القَديم هُناكَ ـــــــــ كَبيرة. السَّيَّارة الجَديدة ـــــــــ البَيت القَديم والشَّجَرة الكَبيرة. ـــــــــ الغابة هُناكَ جَبَل ـــــــــ. هذا الجَبَل البَعيد ـــــــــ. عَلى ـــــــــ الغابة هُناكَ شارِع ـــــــــ وجَديد، وعلى اليَسار هُناكَ بَحر ـــــــــ وكَبير. لَيسَ هُناكَ نَهر في الغابة.

44

Q57/ Rewrite the following sentences in the right order (some words are flexible).

1- صغيرة - هناك - البيت - أَمامَ - دراجة.

....

2- قطة - لكن - عندي - ما - كلب - عندي.

....

3- على - القلم - والكتاب - المائدة - الكرسي - تَحتَ.

....

4- مهندس - في - أحمد - الجديد - المصنع.

....

5- ثلاثة - محمود - عندي - وزينب - أَولاد - ونادية.

....

Q58/ Match between the following words (geographical positions) and their meanings in English.

1- شَرَق

north

2- جَنوب

south

3- غَرب

east

4- شَمال

west

Q59/ Look at the map of the Middle East below and answer the following questions.

1- أين تونِس؟

....

2- هل العِراق جَنوب السَّعودِية؟

....

3- هل الجَزائر بين تونِس والمَغرِب؟

....

4- أين سورِيّة؟

....

5- هل مِصر بجانب لُبنان؟

....

6- أين اليَمَن؟

....

Q60/ Write the meaning of the following words in English.

1- شَمال شَرق ....

2- شَمال غَرب ....

3- جَنوب شَرق ....

4- جَنوب غَرب ....

Q61/ Fill in the gaps (countries and nationalities) as in the example.

	M	F
تونِس	تونِسِيّ	تونِسِيّة
1- لُبنان	لبنانيّ	....
2- العِراق	....	عراقيّة
3- ليبيا	....	....
4-	....	سوريّة
5- المَغرِب	....	....
6- كَنَدا	....	....
7- السُّوَيد	....	....

Q62/ Write the nationalities of these well-known people.

1- جورج كلوني ....

2- الأَميرة دَيانا ....

3- لِيونيل ميسي ....

4- المَلِكة إليزابيث ....

5- نيلسون مانديلا ....

Q63/ Read the text and decide whether the following sentences are true or false and correct the false ones.

true = صَحيحة
false = خاطِئة

مرحبا،

أنا أحمد، وأنا تونسي من مدينة تونس. أنا مهندس في شركة يابانية لِلسيارات. أصدِقائي هُم: سام وسوزان وتوم ولورا ونادية. سام طبيب إنجليزي في مستشفى كبير في مدينة دُبَي في الإمارات العربية المُتَّحِدة. سوزان محاسبة ألمانية في البنك الكويتي في سويسرا. توم مدرس أُسكُتلَندي في مدرسة أمريكية في الصين. لورا ممرضة فرنسية في مستشفى في مَرّاكِش في المغرب. نادية طالبة مصرية في جامعة لندن.

1- سام طبيب فرنسي.

2- سوزان محاسبة في البنك السعودي في سويسرا.

3- توم من أسكتلندا، وهو مدرس.

4- لورا ممرضة في مستشفى فرنسي.

5- نادية من مصر، وهي مدرسة في لندن.

Q64/ According to the previous text, match between these people and their jobs and countries below.

Country	Job	Name
مصر	طالبة	1- لورا
أسكتلندا	مدرس	2- سام
فرنسا	مهندس	3- أحمد
إنجلترا	ممرضة	4- توم
تونس	محاسبة	5- سوزان
ألمانيا	طبيب	6- نادية

Q65/ Translate the following sentences into English.

1- الشباك مَكسور.

-------------------------------- .

2- هل أنت مهندسة؟

-------------------------------- ?

3- كَيفَ الجَو اليَوم؟

-------------------------------- ?

Q66/ Translate the following sentences into Arabic.

1- This is a new house.

-------------------------------- .

2- I have a question.

-------------------------------- .

3- My mother is a teacher.

-------------------------------- .

Q67/ Choose the correct (<u>most appropriate</u>) word to complete the following sentences.

1- نادر .... في المدرسة. (طالب - محاسب - خباز)

2- هذه سيارة ....ـ. (كبيرة - جوعانة - صغير)

3- القلم .... الكرسي. (في - على - بين)

4- لندن في .... إنجِلترَا. (شمال - جنوب - غرب)

5- .... الجو اليوم في بَيروت؟ (كيف - أين - هل)

Q68/ Match each word in group (A) with the <u>most appropriate</u> one in group (B).

A	B
1- عصير	مطعم
2- طالب	مستشفى
3- مريض	مكتب
4- شارع	سيارة
5- مشمس	باب
6- بيت	درس
7- بَيروت	جو
8- مهندس	ماء
9- جوعان	برتقال
10- زجاجة	لُبنان

Q69/ Translate the following sentences into English.

1- هذا الكتاب جديد.

-----------------------------------.

2- هل عندك حفلة هذا الأسبوع؟

-----------------------------------?

3- الجو اليوم بارد جِدّاً.

-----------------------------------.

4- بيتي قريب من الجامعة.

-----------------------------------.

5- مساء الخير.

-----------------------------------.

6- أختي طبيبة في مستشفى.

-----------------------------------.

Q70/ Translate the following sentences into Arabic.

1- This is a big car.

.-----------------------------------

2- I have two cats.

.-----------------------------------

3- My sister is a nurse.

.-----------------------------------

4- I am from Syria.

.-----------------------------------

5- Congratulations!

!-----------------------------------

6- The White House is in Washington.

.-----------------------------------

Q71/ Write the plural of the following words.

1- نجّار ------------

2- طالبة ------------

3- درّاجة ------------

4- محاسب ------------

5- تِلِفون ------------

6- ساعة ------------

7- مُمَرّضة ------------

8- مهندس ------------

Q72/ Use each of the following words to write a full sentence.

1- محاسب ------------

2- عطشان ------------

3- مكتبة ------------

4- في وسط ------------

5- أُمّ ------------

6- الصيف ------------

7- مستشفى ------------

8- الخميس ------------

9- من فضلك ------------

10- شبّاك ------------

Q73/ Translate the following sentences into English.

1- بَغداد في وَسَط العِراق.

--.

2- هل المطعم قريب من المدرسة؟

--?

3- ما اسم الطالبة الجديدة؟

--?

4- عندي اِجتِماع اليوم مساءا.

--.

5- الحفلة يوم الجمعة.

--.

6- صديقي مهندس في هذا المصنع.

--.

Q74/ Translate the following sentences into Arabic.

1- Our house is in this street.

.--

2- I have no car.

.--

3- Her mother is a lawyer.

.--

4- Is he from London?

؟--

5- My pen is broken.

.--

6- Today, I am so busy.

.--

Q75/ Complete the following conjugation forms of the past tense.

The first one is an example.

PAST TENSE

They (p)	You (p)	We	She	He	You (f)	You (m)	I
ذهبوا	ذهبتُم	ذهبنا	ذهبَت	ذهبَ	ذهبتِ	ذهبتَ	ذَهَبتُ
							رَجَعتُ
							أَكَلتُ
							شَرِبتُ
							كَتَبتُ
							قَرَأتُ

Q76/ Choose the correct (<u>most appropriate</u>) word to complete the following sentences.

1- أختي .... في البنك. (طالبة - طبيبة - محاسبة)

2- هذا القلم .... (مكسورة - جديد - عطشان)

3- اليوم ذهبنا .... المطعم. (في - من - إلى)

4- .... رجعت من السوق؟ مساءً. (متى - كيف - هل)

5- أين .... القِصَّة؟ (شربتَ - ذهبتَ - كتبتَ)

Q77/ Choose the correct word from the list below to fill in the gaps.

(مساءا - ممطر - هل - شمس - بجانب - السمك - بين - الحليب - ما)

1- البيت .... الكافيتيريا.

2- كتبت الواجِب ....

3- الجو اليوم .... في باريس.

4- أكلنا .... في السوق.

5- .... قرأت زينب الرسالة في الصباح.

Q78/ Translate the following sentences into Arabic.

1- This is an old bike.

....

2- I read the newspaper this morning.

....

3- Did you eat at the restaurant today?

؟...

4- I went to the cinema yesterday.

....

5- My new friend is Egyptian.

....

Q79/ Write the ordinal numbers (M/F) of the following numbers. The first one is already written.

F / M

1- واحد	الأوّل/ الأولى
2- اثنان / اثنَين	..................../....................
3- ثلاثة	..................../....................
4- أربعة	..................../....................
5- خمسة	..................../....................
6- ستّة	..................../....................
7- سبعة	..................../....................
8- ثمانية	..................../....................
9- تسعة	..................../....................
10- عشرة	..................../....................

Q80/ Choose the correct (most appropriate) word to complete the following sentences.

1- أبي .... في المصنع. (طالب - مهندس - مدرس)

2- هذه .... جديدة. (مكتب - مستشفى - مكتبة)

3- البارِحة .... في المطعم. (رجعنا - ذهبنا - أكلنا)

4- الطالبة .... إلى السوق يوم السبت. (ذهب - ذهبت - ذهبوا)

5- .... الاجتِماع؟ في الجامعة. (كيف - أين - متى)

Q81/ Rewrite the following sentences in the right order (<u>some words are flexible</u>).

1- المطعم - السمك - في - أكل - والرز - سلمان.

....

2- قهوة - مرّة - اليوم - شربت - كَم - دينا؟

....

3- زينب - المستشفى - ممرضة - في - جديدة.

....

4- الجامعة - هل - قريبة - مكتبة - هناك - من؟

....؟

5- إلى - صباحا - الساعة - ذهبت - الاجتماع - التاسعة.

....

Q82/ Choose the correct word from the list below to fill in the gaps.

(مع - شمال - ذهبت - قديمة - في - درست - من - جنوب - إلى - تعبانة)

1- لندن في .... إنجلترا.

2- البارحة رجعت .... المدرسة مَشياً.

3- أنا .... اليوم.

4- .... في المكتبة في الصباح.

5- شربنا قهوة .... الحليب.

Q83/ Rewrite the following sentences (a conversation between Ahmed and Nadir) in the correct order. Start with the first one (Ahmed).

1- مرحبا.

2- هل هناك جامعة أمريكية في لبنان؟

3- مرحبا.

4- أنا أحمد، وأنت؟

5- أهلا وسهلا.

6- أنا نادر.

7- أنا من المغرب..... هل أنت من بيروت؟

8- من أين أنت؟

9- أهلا وسهلا.

10- أنا من لبنان.... وأنت؟

11- نعم، أنا من بيروت..... وهل أنت من الرَّباط؟

12- نعم، هذا صحيح. هي جميلة، لكنَّها صغيرة... وماذا عن مرّاكش؟

13- لا، أنا من مرّاكش.... بيروت مدينة جميلة!

14- مرّاكش مدينة قديمة وجميلة.

15- مع السلامة.

16- لا، أنا مهندس في شركة للسيارات. وأنت؟

17- شكرا.

18- أنا طالب في جامعة بيروت.

19- هل أنت طالب؟

20- نعم، هناك جامعة أمريكية في لبنان، لكنَّها غالِية جدّا.

21- حَظّ سَعيد.

22- مع السلامة.

Q84/ Match each word from (A) with a word from (B) to form a meaningful genitive case.

A		B
1- باب	....	البرتقال
2- كتاب	....	بيروت
3- مدينة	....	المدرسة
4- مطعم	....	البيت
5- قلم	....	الجامعة
6- عاصِمة	....	الطالب
7- عصير	....	التاريخ
8- زجاجة	....	ماء
9- صورة	....	اليوم
10- جريدة	....	سورية

Q85/ Decide whether the following words are genitive case or noun and adjective forms.

noun + adjective — اسم + صفة
genitive case — إضافة

1 - باب المدرسة ....
2 - جامعة القاهرة ....
3 - البيت الأبيض ....
4 - مكتب البَريد ....
5 - مدينة كبيرة ....
6 - جريدة اليوم ....
7 - طالب يمني ....
8 - عصير برتقال ....
9 - بيت الطلاب ....
10 - مهندس سيارات ....
11 - قصّة قديمة ....
12 - صديق أخي ....

Q86/ Choose the correct word from the list below to fill in the gaps.

(قليلا - صباح - تركت - مكسور - خبز - ما
مشمس - بين - خرجت - البارحة - أين - صغير)

1- عندي كلب ....

2- الجو اليوم .... في لندن.

3- أنا مريض .... اليوم.

4- .... شربت قهوة اليوم؟

5- ذهبت إلى الفُنْدُق ....

6- .... البيت الساعة الثامنة صباحا.

Q87/ Translate the following sentences into English.

1- من قرأ الجريدة هذا المساء؟

....?

2- اليوم عندي موعد مع الطبيب الساعة الرابعة ظهرا.

....

3- يوم الأربعاء ما قرأنا قصة في المدرسة.

....

4- أين كتبتم الواجب؟

....?

5- هل أكلت الدجاج في المطعم؟

....?

Q88/ Translate the following sentences into Arabic.

1- I have two sisters.

._____•

2- I had (drank) orange juice for breakfast.

._____•

3- My father is a doctor.

._____•

4- Where did you do (write) your homework?

؟_____

5- Which newspaper did you (plural) read yesterday?

؟_____

Q89/ Choose the correct (most appropriate) word to complete the following sentences.

1- زيد _____ في المطعم.   (طالب ـ محاسب ـ عامِل)

2- هذه مَدرَسة _____.   (كبير ـ مريضة ـ صغيرة)

3- السيارة _____ البيت.   (على ـ بجانب ـ تحت)

4- _____ من المدرسة بالسيارة.   (ذهبت ـ رجعت ـ تركت)

5- كيف الجو _____ في تونس؟   (صباح ـ اليوم ـ المساء)

Q90/ Match each phrase/sentence from group (A) with the most appropriate one from group (B) to make a meaningful sentence.

B	A
بلا حليب	1- ما عندي أخ
وما ذهبت إلى الجامعة	2- شربنا قهوة
لكن أخت	3- نور مريضة اليوم
أبيض وأسود	4- الخبازون أكلوا السمك
في مطعم جديد	5- عندي كلبان

Q91/ Choose the correct word from the list below to fill in the gaps.

(قديم - امتِحان - الطبيب - متى - الليمون
دراجة - الشاي - المُوَظّفة - مشغولون - كيف)

1- عندي _____ يوم الخميس.

2- من أين _____ الجديدة؟ هي من لبنان.

3- هل أنتم _____ اليوم؟

4- شربت عَصير _____ اليوم صباحا.

5- _____ ذهبت إلى الفندق؟ البارحة.

Q92/ Translate the following sentences into English.

1- نادر محاسب في البنك.

---.

2- اليوم عندي درس الساعة الخامسة مساءا.

---.

3- كيف رجعتم إلى البيت يوم السبت؟

---?

4- عندي دراجة، لكن ما عندي سيارة.

---.

5- درست اللُّغة العربية في جامعة لندن.

---.

Q93/ Choose the correct (<u>most appropriate</u>) word to complete the following sentences.

1- كيف رجعت سوزان من الحفلة؟ ------------. (قليلا - جدا - مشيا)

2- الجو بارد في أوروبّا في ------------. (الشتاء - الربيع - الصيف)

3- ------------ كتب القصة؟ (هل - من - ما)

4- عندي درس الساعة الواحدة ------------. (صباحا - ظهرا - مساءا)

5- ------------ قرأتم في القطار؟ (أين - ماذا - ما)

Q94/ Choose the correct word from the list below to fill in the gaps.

(ذهبنا ـ وسط ـ مطعم ـ رجعنا ـ خمر ـ محاسب ـ الغداء

مكتبة ـ تفّاح ـ طالب ـ مصنع ـ العشاء ـ مدرسة ـ أمام)

أحمد

أنا أحمد نادر وأنا _____ في بنك. وهذه زوجتي زينب،
وهي مهندسة في _____ . بيتي في _____ مدينة تونس.
البارحة مساءا، ذهبت مع زينب إلى _____ لبناني وأكلنا
_____ . أكلت الدجاج والرز وشربت عصير _____ ،
وأكلت زينب السمك والسلطة وشربت زجاجة كولا. بعد ذلك،
_____ إلى البيت بالقطار.

Q95/ Translate the following sentences into English.

1ـ الساعة المكسورة على المائدة الصغيرة.

_____ .

2ـ اليوم عندي حفلة كبيرة في بيت أصدِقائي.

_____ .

3ـ البارحة ما شربنا قهوة في الفندق.

_____ .

4ـ أمي مهندسة في شركة عربية جديدة.

_____ .

5ـ أين سَكَنت في السنة الماضِية؟

_____ ?

Q96/ Choose the correct word from the list bellow to fill in the gaps.

(مشيا- عصير - السادسة - صباحا - جميلة - زجاجة - تركت - مساءا- عربي)

البارحة

البارحة خرجت من البيت الساعة التاسعة ....، وذهبت إلى المكتب بالباص. ذهبت إلى مطعم .... الساعة الواحدة بَعد الظُّهر .... أكلت السمك والرز والسلطة، وشربت .... كولا. رجعت إلى المكتب الساعة الثانية بعد الظهر. .... المكتب الساعة .... مساءا، ورجعت إلى البيت بالتاكسي.

Q97/ Rewrite the following sentences in the right order (some words are flexible).

1- صغير - القديم - هناك - البيت - أمام - كلب.

....

2- من - أنا - لكن - الأُردُن - من - زوجتي - الجَزائر.

....

3- البيت - الساعة - من - صباحا - العاشرة - خَرَجت.

....

4- من - ماذا - القاهِرة - اِشتَرَيت - مدينة؟

.... ؟

5- اليوم - الثامنة - حَسَن - الساعة - مساءا- المكتبة - في - درس.

....

Q98/ Translate the following sentences into English.

1- ذهب أحمد إلى المستشفى ظُهرا.

....

2- رجعت زينب من السوق مشيا.

....

3- شرب زيد عصير العِنَب في المطعم.

....

4- أكلت نور الرز مع اللَّحم.

....

5- قرأ نادر المَقالة الجديدة.

....

6- كتبت دينا واجِبَها في المكتبة.

....

Q99/ Read the following headlines from some newspapers and find the words you know.

1- وزير خارِجيّة سورِيّة يَزور إيران يوم الخميس القادِم.

2- اِجتِماع هامّ بين باراك أوباما وفلاديمير بوتين في موسكو غدا.

3- الرئيس المصري يَبعَث رِسالة تَهنِئة لِملك المغرب بِمُناسَبة العيد الوَطَنيّ.

Q100/ Write the correct question to each of the following sentences according to the underlined words.

Example

ذهبت زينب إلى السوق.

أين ذهبت زينب؟

1- رجع أحمد من البنك الساعة العاشرة صباحا.

....؟

2- شربت دينا الشاي في الفطور.

....؟

3- أكل محمد السمك في المطعم.

....؟

4- نعم، كتبت فاطمة القصة.

....؟

5- رجع نادر من السوق مشيا.

....؟

6- اشترت ليلى القميص بعشرة جُنَيهات.

....؟

7- قرأ زيد اليوم جريدة (الشرق الأوسَط).

....؟

8- درست فاطمة التاريخ في الجامعة.

....؟

Q101/ Choose the correct word from the list below to fill in the gaps.

(جميلة- شركة- صباحا- جامعة- تفاح- طالبة- عشرة- ذلك - شمال - تركي)

أحمد سلمان (1)

أنا أحمد سلمان من لبنان، من مدينة بيروت. بيتي في .... بيروت. أنا مهندس في .... للسيارات، وزوجتي أستاذة في .... بيروت. عندنا بنت اسمها زينب، وهي .... في المدرسة. بيروت مدينة .... وصغيرة. أمس خرجت من بيتي ....، وذهبت إلى المكتب بالباص رَقَم ....

بعد الظهر، ذهبت إلى مطعم ....، وأكلت الرز والكباب وشربت عصير .... بعد ....، رجعت إلى البيت.

Q102/ Match between each of the following question articles and their meaning in English.

1- هل؟	what
2- أين؟	is/are (yes/no question)
3- كيف؟	when/what time
4- ما / ماذا؟	where
5- متى؟	how
6- أيّ؟	which
7- مَن؟	who

Q103/ Use each of the following question articles to make a proper question with a past tense verb and answer them (make it up).

1- هل ....؟

....

2- أين ....؟

....

3- كيف ....؟

....

4- ما / ماذا ....؟

....

5- متى ....؟

....

6- أيّ ....؟

....

7- مَن ....؟

....

Q104/ Choose the correct word from the list below to fill in the gaps.

(مع - غَرب - الفطور- قديم - في - الغداء - من - عاصِمة - في - مريض)

1- لندن .... إنجلترا.

2- البارحة رجعت .... المدرسة مشيا.

3- أبي .... اليوم.

4- نأكل .... الساعة الثامنة صباحا.

5- شربنا القهوة .... الحليب.

Q105/ Read the text and decide whether the following sentences are true or false and correct the false ones.

true = صَحيحة
false = خاطِئة

أحمد سلمان (2)

اسمي أحمد سلمان، وأنا من لبنان، من مدينة بيروت. بيتي في شمال بيروت. أنا مهندس في شركة للسيارات، وزوجتي اسمها نور، وهي أستاذة في جامعة بيروت. عندنا بنت اسمها زينب، وهي طالبة في المدرسة. بيروت مدينة جميلة وصغيرة. أمس خرجت من بيتي صباحا، وذهبت إلى المكتب بالباص رقم عشرة. بعد الظهر ذهبت إلى مطعم تركي، وأكلت السمك والسلطة، وشربت عصير التُّفّاح. بعد ذلِك، رجعت إلى البيت بالباص.

1- أحمد لبناني.

....

2- أحمد محاسب في الجامعة.

....

3- زينب هي بنت أحمد.

....

4- خرج أحمد من البيت ظهرا.

....

5- شرب أحمد زجاجة كولا في المطعم.

....

Q106/ Ask a classmate of yours the following questions and according to the information you get, write down a paragraph about him/her.

1- ما اسمك؟

.--

2- من أين أنت؟

.--

3- كم عمرك؟

.--

4- أين ذهبتَ / ذهبتِ البارحة؟

.--

5- كيف رجعتَ / رجعتِ إلى البيت البارحة؟

.--

6- ماذا أكلتَ / أكلتِ في الغداء البارحة، وأين؟

.--

7- هل شربتَ / شربتِ قهوة في الجامعة؟

.--

8- أَين كتبتَ / كتبتِ الواجب؟

.--

9- ماذا قرأتَ / قرأتِ اليوم؟

.--

10- هل أنتَ / أنتِ تعبان / تعبانة اليوم؟

.--

Q107/ complete the following conjugation forms of the present tense.

The first one is an example.

PRESENT TENSE

They (p)	You (p)	We	She	He	You (f)	You (m)	I
يَذهَبون	تَذهَبون	نَذهَب	تَذهَب	يَذهَب	تَذهَبين	تَذهَب	أذهَب
							أدرُس
							أعمَل
							أسكُن
							أعرِف
							أسمَع

Q108/ Choose the correct (most appropriate) word to complete the following sentences.

1- أخي طبيب ـــــــــــ في المستشفى.   (يأكل ـ يعمل ـ يسكن)

2- مدرستي في الشارع ـــــــــــ.   (المكسور ـ جديد ـ الثاني)

3- ـــــــــــ في بيت صغير.   (ندرس ـ نعمل ـ نسكن)

4- في كل صيف ـــــــــــ إلى روما.   (ذهبنا ـ نذهب ـ يذهب)

5- الطلاب ـــــــــــ في المكتبة.   (يذهبون ـ يرجعون ـ يدرسون)

109/ Translate the following sentences into English.

1- بكم هذا الكتاب من فضلك؟

---?

2- تشرب ليلى الحليب كل صباح.

---.

3- زوجي نجار يعمل في مصنع قريب من بيتنا.

---.

4- هل امتحان الرياضيّات هذا الأسبوع؟

---?

5- هناك حفلة كبيرة يوم الجمعة في بيت الطلاب.

---.

Q110/ Rewrite the following sentences in the right order (<u>some words are flexible</u>).

1- المطعم - في - يأكل - أسبوع - علي - هذا - كل.

---.

2- السوق - مرة - الشهر - ذهبتم - إلى - كم - هذا؟

---.

3- زينب - شركة - محاسبة - في - جديدة - السيارات.

---.

4- المدرسة - هل - قريب - مستشفى - هناك - من؟

---.

5- القطار - الجريدة - في - أقرأ - في - الصباح.

---.

Q111/ Ask a classmate of yours the following questions and write down his/her answers.

1- أين يذهب / تذهب كل يوم؟

....

2- كيف يرجع / ترجع إلى البيت؟

....

3- ماذا يدرس / تدرس في الجامعة؟

....

4- أين يسكن / تسكن؟

....

5- ماذا يأكل / تأكل في العشاء؟

....

6- كَم مَرَّة يشرب / تشرب الشاي/ القهوة في اليوم؟

....

7- متى يكتب / تكتب الواجب؟

....

8- أَيّ (أيّة) جريدة يقرأ / تقرأ؟

....

Q112/ Translate the following sentences into Arabic.

1- I am a student and I study history at the University of Cairo.

.--

2- We go to the market sometimes by foot.

.--

3- Do you work in this new company?

؟--

4- I play football every week.

.--

5- My friend washes his car usually on Sundays.

.--

Q113/ Choose the correct (most appropriate) word to complete the following sentences.

1- نشتري الفَواكِه من ---------------. (المطعم - المكتبة - السوق)

2- صديقي ----------- في البَحر في الصيف. (يذهب - يسكن - يسبَح)

3- القاهرة --------------- مصر. (مدينة - وِلاية - عاصِمة)

4- ---------------، أنا مُتَأخِّر. (من فضلك - آسِف - أهلا)

5- هل -------------- أين الحفلة؟ (تذهبين - تعرفين - تسمعين)

Q114/ Find the odd word in the following lists of words.

1-	الاثنين	الخميس	الصيف	الجمعة
2-	مطعم	شارع	فندق	مكتب
3-	ممرضة	محاسب	نجار	طالب
4-	خبز	لبن	زبد	جبن
5-	شرب	قرأ	كتب	يأكل
6-	السبت	الربيع	الشتاء	الخريف
7-	قديم	كبير	خفيف	قلم
8-	فوق	بجانب	إلى	في
9-	بطاطا	برتقال	موز	تفاح
10-	مكسور	عطشان	مريض	جوعان
11-	أب	أم	أخ	ابن
12-	كلية	مدرسة	جامعة	حديقة
13-	ظهرا	صباحا	عفوا	مساءا
14-	شكرا	مبروك	أهلا	مشيا
15-	الكتاب	السيارة	الولد	القطة

76

Q115/ Translate the following sentences into English.

1- نكتب الواجب في المساء.

---.

2- هذا البنك لا يفتح يوم السبت.

---.

3- هل عندكم اجتماع يوم الخميس؟

---?

4- أسكن مع أخي في نَفس البيت.

---.

5- أمي لا تشرب الشاي بالحليب.

---.

Q116/ Match between the following words (adverbs) and their meanings in English.

	1- دائما
always	
	2- غالِبا
often	
	3- عادة
usually	
	4- أحيانا
sometimes	
	5- نادِرا
rarely	
	6- أبَدا
never	

Q117/ Choose the correct word from the list below to fill in the gaps.

(الحديقة - السادسة - يمين - عند - الثالثة - العمل

حتى - أبدا - بنتي - وسط - صديقي - من)

حياتي اليومية

مرحبا، أنا زيد وأنا محاسب في بنك عربي. كل يوم أترك البيت الساعة الثامنة صباحا، وأذهب إلى .... عادة بالباص، ولكن أحيانا أذهب بالقطار. دائما أعمل .... الساعة الواحدة ظهرا، ثُمّ آكل الغداء الساعة الواحدة. عادة آكل بيتزا، ولكن أحيانا آكل ساندويج الدجاج أو السمك. لا أشرب القهوة .... بعد الغداء. في الساعة .... مساءا أرجع إلى البيت عادة مع .... أحمد بسيارته القديمة. عادة آكل العشاء في البيت الساعة التاسعة، ولكن أحيانا أخرج إلى .... المدينة مع زوجتي وأولادي، ونأكل عادة في مطعم لبناني أو فرنسي، ونرجع إلى البيت بالتاكسي.

Q118/ Rewrite the following sentences in the right order (<u>some words are flexible</u>).

1- نور - قهوة - كل - مرتين - يوم - تشرب.

....

2- في - النجارون - الغداء - المصنع - يأكلون.

....

3- الخامس - هذا - بيتي - الشارع - في.

....

4- سوق - هل - قريب - المدرسة - هناك - من؟

....؟

5- الكيمياء - صباحا - الطلاب - يوم - يدرسون - الأربعاء.

....

Q119/ Choose the correct word from the list below to complete the following sentences.

(أخت - في - غائم - هناك - قهوة - الجبن - سودانية - مطر- عن - درس)

1- هل الجو اليوم .... في مدينة سِدني؟

2- يشرب أحمد .... في الفطور عادة.

3- هذه الأُستاذة تعمل في جامعة ....

4- ليس .... قلم على المائدة.

5- عندي أخ واحد، لكن ما عندي ....

6- كيف سمعت .... الحفلة؟

Q120/ Write the plural of the following words.

Pattern 1

قَلَم	أقلام
1- وَلَد	....
2- سوق	....
3- نَهر	....
4- لَون	....
5- عَمّ	....

Pattern 2

بَيت	بُيوت
1- دَرس	....
2- سَيف	....
3- جَيش	....
4- قَلب	....
5- صَفّ	....

Q121/ Translate the following sentences into English.

1- هل الجو اليوم مُثلِج في موسكو؟

....?

2- الأطفال يشربون الحليب كل صباح.

....

3- زوجتي ممرضة تعمل في مستشفى.

....

4- هل تعرف أين يسكن صديقك؟

....?

5- هناك اجتماع مع المهندسين يوم الأربعاء.

....

Q122/ Write the plural of the following words.

Pattern 3

رِجال   رَجُل

1- بَحر   ------------
2- جَمَل   ------------
3- كَلب   ------------
4- جَبَل   ------------
5- تَلّ   ------------

Pattern 4

صُوَر   صورة

1- تُحفة   ------------
2- لُعبة   ------------
3- غُرفة   ------------
4- عُلبة   ------------
5- دَولة   ------------

Q123/ Write the following numbers in Arabic.
The first one is an example.

اثنا عشر   12 -1

17 -2   ------------------------------

19 -3   ------------------------------

21 -4   ------------------------------

34 -5   ------------------------------

56 -6   ------------------------------

89 -7   ------------------------------

103 -8   ------------------------------

367 -9   ------------------------------

1987 -10   ------------------------------

Q124/ Write the plural of the following words.

1- خباز ....
2- بيت ....
3- ولد ....
4- طالب ....
5- بنت ....
6- ملك ....
7- مهندسة ....
8- وزير ....
9- أستاذ ....
10- مدينة ....

Q125/ Change the following sentences to the present tense and make the necessary changes (add or replace some words).

1- ذهبت إلى البنك اليوم.

....

2- متى رجعتَ من السوق اليوم؟

....؟

3- أَين شربتِ الشاي هذا الصباح؟

....؟

4- أكل أحمد في السوق.

....

5- قرأت نور الجريدة في القطار.

....

6- كتبنا الواجب البارحة مساءا.

....

7- أين درستم اللغة العربية؟

....؟

8- الطلاب سكنوا في هذا البيت السنة الماضية.

....

Q126/ Change the following sentences to the past tense and make the necessary changes (add or replace some words).

1- أرجع من العمل بالدراجة.

....

2- متى تذهب إلى المَسرَح؟

؟...

3- ماذا تشربين في المساء؟

؟...

4- يأكل الخباز الغداء في المَخبَز.

....

5- تقرأ البنت قصة كل شهر.

....

6- لا نكتب التَقرير يوم الجمعة.

....

7- متى تخرجون من الجامعة كل يوم؟

؟...

Q127/ Change the following sentences to the future tense and make the necessary changes (add or replace some words).

1- أين كتبتَ الواجب البارحة؟

؟...

2- أيّ (أيّة) جريدة قرأتِ هذا الصباح؟

؟...

3- ذهب أخي إلى اليابان في الصيف الماضي.

....

4- رجعت أمي من باريس يوم الخميس.

....

5- أكلنا الفطور في الفندق.

....

6- ماذا اشتريتم من السوق اليوم؟

؟...

Q128/ Choose the correct (most appropriate) word to complete the following sentences.

1- هذه .... عالية. (مكتب - بِناية - قطة)

2- متى .... الجامعة اليوم؟ (ذهبتم - رجعتم - تركتم)

3- أين سمعت .... الحفلة؟ (في - من - عن)

4- لا .... في المكتبة في المساء. (أذهب - أدرس - أترك)

5- لا يفتح بنك دبي في لندن يوم .... (الخميس - الأحد - الاثنين)

6- الجوعادة جميل ومشمس في .... (الربيع - الخريف - الشتاء)

7- .... درس في البيت اليوم؟ (هل - ماذا - من)

8- ماذا .... في الصيف؟ (أكلتم - شربتم - فعلتم)

9- عندي قطة جميلة، .... نونو. (اسمه - اسمها - اسمهم)

10- غدا .... أذهب إلى السوق. (ما - لا - لن)

11- مئة وثلاثة وعشرون (123 - 132 - 113)

12- سندرس اللُّغة الفرنسية العام .... (الماضي- القادم- القديم)

Q129/ Translate the following sentences into Arabic.

1- This pretty dog is not mine.

._____

2- Where did you come back from yesterday evening?

؟_____

3- His wife is a baker works in a Turkish restaurant.

._____

4- I have an appointment with the dentist today in the afternoon.

._____

5- What time do you usually leave work?

؟_____

Q130/ Match each phrase/sentence from group (A) with the most appropriate one from group (B) to make a meaningful sentence.

B	A
لكن قريب من الجامعة	1- أنا تعبان جدا
لكن أعرف الأخبار من الإنترنت	2- الأستاذ مريض اليوم
وليس هناك درس	3- بيتي صغير جدا
ولن أذهب إلى السوق	4- أبي لا يأكل اللَّحم
لأنَّه نَباتي	5- لا أشتَري الجريدة

85

Q131/ Match between the following words (colours) and their meanings in English.

1- أَبيَض	black
2- أَسوَد	red
3- أَخضَر	green
4- أَزرَق	white
5- أَصفَر	blue
6- أَحمَر	yellow

Q132/ Write the feminine form of the following words (colours) as in the example.

M	F
1- أَبيَض	بَيضاء
2- أَسوَد	------------------------
3- أَخضَر	------------------------
4- أَزرَق	------------------------
5- أَصفَر	------------------------
6- أَحمَر	------------------------

Q133/ Choose the correct word from the list below to fill in the gaps.

(عربي - جديد - ماء - خرجت - كبيرة - قريبة - بالدراجة - درس

برتقال - أمام - بارد - القانون - أمي - تركت - مراكش - قصة)

سارة

أنا سارة محمد، وأنا من المغرب. أنا طالبة في جامعة لندن، وأدرس .... جامعة لندن .... جدا، والجو في لندن .... وممطر غالبا. البارحة خرجت من البيت الساعة التاسعة صباحا، وذهبت إلى المكتبة .... ذهبت إلى مطعم .... الساعة الواحدة بعد الظهر مشيا. المطعم .... وقريب من الجامعة. أكلت الدجاج والرز والسلطة، وشربت عصير .... رجعت إلى المكتبة الساعة الثالثة بعد الظهر، وقرأت .... المكتبة الساعة السادسة، ورجعت إلى البيت بالقطار. في المساء كتبت الواجب، وكتبت رسالة إلى .... في المغرب. بعد ذلك، قرأت الجريدة، وجلست .... التلفزيون. اليوم عندي .... الساعة الواحدة ظهرا.

Q134/ Choose the appropriate verb from the list below and its correct form to fill in the gaps.

(يسكن - يعمل - يأخذ - يعرف - يترك - يفعل

يهرب - يلعب - يفتح - يسأل - يلبس - يدرس)

1- ماذا .... يوم السبت، يا أحمد؟

2- صديقي لا .... في نِهاية الأسبوع.

3- .... المكتبة الساعة التاسعة صباحا كل يوم.

4- لا أحب أن .... في هذا البيت.

5- .... الطلاب الأستاذ عادة عن الكَلِمات الجديدة.

6- متى .... المدرسة اليوم، يا أولاد؟

7- مَن .... من درس العربية!

8- في الصيف القادم، .... عُطلة في روما ونرجع بعد أسبوعين.

9- هل .... الفُستان الجديد في الحفلة البارحة؟

10- أختي .... الكُرة الطائرة كل أسبوع.

11- أنا وأصدقائي .... العربية الصيف الماضي.

12- لا .... اسم الأستاذة الجديدة!

Q135/ Read the text and answer the following questions.

نادية محمد

هذه نادية محمد. هي من سورية من مدينة دمشق، وهي محاسبة في بنك كبير. وهذا زوجها نادر، وهو من مدينة حَلَب. نادر طَبّاخ يعمل في مطعم تركي قريب من البيت. نادية ونادر عندهما بنت صغيرة، اسمها سارة . كل يوم تذهب نادية إلى العمل الساعة التاسعة صباحا بالسيارة، ويذهب الزوج إلى المطعم الساعة الواحدة ظهرا مشيا. يوم الجمعة، تذهب الأسرة عادة إلى السوق صباحا وإلى السينما ظهرا. وفي المساء، تأكل الأسرة العشاء في مطعم هندي. تأكل نادية عادة الرز والدجاج والسلطة، ويأكل نادر المكرونة والسمك والسلطة. بعد ذلك، ترجع نادية مع زوجها إلى البيت بالتاكسي.

1- ماذا تعمل نادية ؟

....

2- كيف يذهب نادر إلى العمل؟

....

3- متى تذهب الأسرة إلى السينما؟

....

4- أين تأكل الأسرة العشاء يوم الجمعة؟

....

5- من يأكل الرز عادة في المطعم؟

....

Q136/ Choose the correct word from the list below to fill in the gaps.

(جنوب - القادم - لبس - تسعين - الماضي - مئة - العشاء

أبيض - مصنع - بيضاء - اشترى - شركة - ذلك - أمام)

أحمد وزينب

هذا أحمد نادر، وهو محاسب في البنك العربي. وهذه زوجته زينب، وهي مهندسة في .... جديد. بيت أحمد في .... مدينة القاهرة. يوم الجمعة ....، ذهب أحمد مع زينب إلى السوق في وسط المدينة. أحمد .... قميصا جميلا بِ.................. جنيها وحذاءا أسود، وزينب اشترت حقيبة .... بِ.................. جنيه وفستانا جميلا. بعد ....، رجع أحمد وزينب إلى البيت بالقطار.

Q137/ Translate the following sentences into Arabic.

1- I usually listen to the radio in the morning.

....

2- My sister speaks three languages.

....

3- We do not know when the exam is!

....!

4- Where does your son live?

....؟

5- We will travel to the Middle East this summer.

....

Q138/ Match each phrase from group (A) with the most appropriate one from group (B) to make a meaningful sentence.

A	B
1- ما عندي درس اليوم	البارحة مساءا بالسيارة
2- أكلنا العشاء	لكن ذهبت إلى الجامعة
3- رجعت إلى البيت	في مصنع كبير
4- أمي مهندسة	الحفلة يوم الخميس
5- من سمع عن	في مطعم بجانب المدرسة
6- أكتب الواجب عادة	في نِهاية الأُسبوع

Q139/ Choose the correct (most appropriate) word to complete the following sentences.

1- الأسبوع الماضي، .... إلى مدريد. (سافَرنا - نُسافِر- سنسافر)

2- اليوم أنا مشغول! عندي عمل من الصباح .... المساء.(أو- حتى- كل)

3- لن .... الجريدة غدا. (قرأنا - نقرأ - سنقرأ)

4- .... هناك سيارات في الشارع. (هل - ليست - لا)

5- .... فعلتم في الصيف؟ (متى - ما - ماذا)

6- الجو في لندن .... ممطر في الشتاء. (أحيانا - عادة - نادرا)

Q140/ Choose the correct word from the list below to fill in the gaps.

(الثامنة - أستاذة - العمل - مشيا - أولاد - تُشاهِد - تِلميذان - تخرج)

كمال ونور

كمال مهندس في مصنع، وزوجته نور .... في الجامعة. لكمال ونور ثلاثة ....: زيد وفاطمة وعلي. زيد طالب في الجامعة، وفاطمة وعلي .... في المدرسة. كل يوم، .... الأسرة الساعة .... صباحا، ويذهب الأب والأم إلى .... بالباص، ويذهب زيد إلى الجامعة بالدراجة، وفاطمة وعلي إلى المدرسة .... ترجع الأسرة إلى البيت مساءا، و .... التلفزيون قليلا بعد العشاء.

Q141/ Translate the following sentences into English.

1- يغسل أحمد سيارته كل أسبوع.

....

2- المكتبة في البناية الأولى في هذا الشارع.

....

3- من يعرف كيف يحفظ الكلمات الجديدة؟

....

4- أسكن في شمال المدينة، حيث أعمل في مصنع صغير.

....

5- لا نحب الجو البارد في الشتاء.

....

Q142/ Read the text and answer the following questions.

فاطمة محمود

اسمي فاطمة محمود، وبيتي في وسط المدينة. اليوم خرجت من البيت الساعة التاسعة صباحا، وذهبت إلى العمل. أنا محاسبة في بنك كبير في شارع النيل. هناك ثمانية محاسبين ومحاسبتان فَقَط في البنك. في الساعة العاشرة كتبت تقريرا إلى مدير البنك. أنا مشغولة جدا اليوم! عندي اجتماع طويل مع السكرتيرة الساعة الواحدة ظهرا، وعندي موعد الساعة الرابعة ظهرا مع الطبيب في المستشفى. يوم الجمعة عندي حفلة كبيرة في بيت صديقتي زينب.

1- متى خرجت فاطمة من البيت؟

.--

2- أين البنك؟

.--

3- كم محاسبا في البنك؟

.--

4- ماذا فعلت فاطمة بعد الاجتماع؟

.--

5- أين الحفلة؟ ومتى؟

.--

Q143/ Translate the following sentences into Arabic.

1- We play basketball every Sunday.

.---

2- My uncle teaches history at the university.

.---

3- I will study Arabic in the Middle East this summer.

.---

4- When did you buy your new car?

؟---

5- I work only four days a week.

.---

Q144/ Choose the correct (most appropriate) word to complete the following sentences.

1- في الصيف، ---------- في بيت جدي. (أدرس - أسكن - أعمل)

2- الأسواق في لندن ----------. (غالية - غاليات - غال)

3- نأكل العشاء الساعة الثامنة ----------. (صباحا - ظهرا - مساءا)

4- لن ---------- إلى الحفلة غدا. (ذهبنا - نذهب - سنذهب)

5- أعرف هذه الطالبة، لكن لا ---------- اسمها. (أحفَظ - أنسى - أتَذَكَّر)

Q145 / Translate the following sentences into English.

1- البحر الأحمر في شرق مصر.

....

2- أشاهد التلفزيون عادة في المساء.

....

3- سندرس في المكتبة كثيرا هذا الأسبوع.

....

4- ما هي دَرَجة الحَرارة اليوم في اليَمن؟

....?

5- أحب القهوة، لكن أُفَضِّل الشاي.

....

Q146/ Match each sentence from group (A) with the most appropriate one in group (B).

A	B
1- بيتي بعيد عن الجامعة	سآكل في البيت
2- هذا المطعم غال	سأذهب إلى المستشفى
3- عندي امتحان اليوم	آخذ القطار كل يوم
4- أنا مريض اليوم	ما ذهبت إلى الحفلة أمس
5- أنا تعبانة اليوم	عندي دروس في الصباح وبعد الظهر

Q147/ Choose the correct (<u>most appropriate</u>) word to complete the following sentences.

1- عندي .... واحدة. (أخ - أم - أخت)

2- .... رجعت من السوق؟ مساءا (هل - متى - كيف)

3- هل سمعت .... الاجتماع؟ (في - من - عن)

4- لا .... هذه المكتبة! (أذهب - أدرس - أعرف)

5- نأخذ عُطلة .... سنة. (في - كل - قبل)

6- الجو غالبا حار في .... (الربيع - الخريف - الصيف)

7- .... كَسَر الزجاجة؟ (هل - كيف - من)

8- .... السمك من السوق. (نأكل - نشتري - نبيع)

9- كم .... تشربين قهوة كل يوم؟ (مَرَّة - فنجانا - مرات)

10- أكلنا في مطعم جديد، .... (علي بابا). (اسمها- اسمنا- اسمه)

11- عندما ذهبت إلى القاهرة .... في فندق. (سكنت - بَقيت - نَزَلت)

12- مَن يسكن في هذا ....؟ (بيت - البيت - بيتي)

13- .... كُرَة القَدَم كل أسبوع. (نُحِبّ - نَلعَب - نَشتَري)

14- هذا الفندق جميل، لكن .... (نظيف - رخيص - بعيد)

15- كل يوم .... ندرس في المكتبة. (الاثنين - اثنان - اثنين)

Q148/ There are (5) grammatical errors in this text. Underline them and write the correct ones.

مطعم (العربي)

مطعم العربي في مدينة القاهرة في مصر. هو مطعم جميل وكبير، لكنه غالٍ كثيرا. عندما يذهب السياح في مدينة القاهرة، عادة يزورون هذا المطعم ويأكلون ويشربون فيه، لأن الطعام شهي والمطعم جميل وقريب جدا من المحلات أيضا. الناس في مصر يذهب إلى هذا المطعم غالبا في يوم الخميس أو الجمعة. يفتح المطعم كل اليوم من الساعة العاشرة صباحا إلى الساعة الثانية عشرة ليلا، وتُقَدِّم كثيرا من الأكلات والمشروبات المصرية المعروفة مِثلَ الفَلافِل والكُشَري والشاي والقهوة.

Q149/ Choose the correct word from the list below to fill in the gaps.

(أيام - الجُغرافيّة - جدا - كل - جديد - أيضا- كثيرا- أسكن - طَيِّب - اسمه)

جامعتي

أنا طالب في جامعة لندن. هي جامعة كبيرة في وسط مدينة لندن. أدرس ....، وأنا في السنة الثالثة. .... في بيت قريب من الجامعة مع أصدقائي، ونذهب عادة إلى الجامعة مشيا. عندي دروس .... الاثنين والثلاثاء والخميس، لكن أذهب إلى الجامعة .... يوم، وأدرس عادة في المكتبة. أدرس اللُّغة العربية .... في الجامعة يوم الخميس ظهرا. مدرسي .... محمد عبدالله، وهو من الجزائر. هو مدرس ممتاز، ورَجُل .... أيضا. أحب جامعتي ....

Q150/ Read the text and answer the following questions.

في باريس

أنا أحمد علي وأنا من السودان. بيتي في شرق مدينة الخرطوم. أعمل مهندسا في شركة للسيارات. الشهر الماضي سافرت إلى باريس مع صديقي سعيد، ونزلنا في فندق صغير في وسط المدينة ليومين. في صباح اليوم الأول، ذهبنا إلى بُرج (إيفل) وأكلنا في مطعم فرنسي قريب من الفندق. بعد ذلك، ذهبنا إلى أَحَد المَتاحِف التاريخية في وسط المدينة، واشتريت ساعة ثَمينة من السوق الكبير في وسط باريس، واشترى سعيد فستانا جميلا لبنته. في اليوم الثاني، ذهبنا إلى المَسرَح وشاهدنا مَسرَحِيّة جميلة. بعد يومين، رجعنا إلى الخرطوم، وكانت رِحلة سعيدة.

1- ما جِنسِيّة أحمد / من أين أحمد؟

.--

2- ماذا يعمل أحمد، وأين؟

.--

3- أين نزل أحمد وسعيد في باريس؟

.--

4- هل اشترى أحمد فستانا لبنته؟

.--

5- ماذا فعل أحمد وسعيد في اليوم الثاني؟

.--

Q151/ Choose the correct word from the list below to fill in the gaps.

(أبدا - شَهِيّ - يشترون - رخيص - يبدأ - أخت - صديق - غالٍ - مرّة - يقدّم - يزورون - غالبا - يفتح - حار - مشيا - يبيع)

مطعم الأهرامات

مطعم الأهرامات في مدينة القاهرة في مصر. هو مطعم جميل وكبير، لكنه _____ جدا. عندما يذهب السياح إلى مدينة القاهرة، عادة _____ هذا المطعم، ويأكلون ويشربون فيه، لأن الطعام _____، والمطعم جميل وقريب جدا من كل المحلات أيضا.

الناس في مصر يذهبون إلى هذا المطعم أيضا _____ يوم الخميس أو الجمعة. _____ المطعم كل يوم من الساعة العاشرة صباحا حتى الساعة الثانية عشرة لَيلا، و _____ كثيرا من الأكلات والمشروبات المصرية المعروفة، مِثلَ الفلافل المصرية والكشري والكباب والشاي والقهوة. عندي _____ اسمه أحمد. هو طالب من مدينة القاهرة، ويذهب إلى هذا المطعم الجميل عادة _____ كل شهر.

99

Q152/ Translate the following sentences into Arabic.

1- I usually watch TV in the evening.

....

2- My new friend works for a famous company.

....

3- We play football every Saturday in the afternoon.

....

Q153/ Choose the correct (most appropriate) word to complete the following sentences.

1- سافرت في الصيف .... إلى كندا. (القادم - الجميل - الماضي)

2- في مراكش أسواق .... (قديم - قديمة - قديمات)

3- أين سمعتم .... الامتحان؟ (في - من - عن)

4- لن .... خمرا في المساء غدا. (شربنا - نشرب - سنشرب)

5- أكلت .... الساعة العاشرة مساءا. (الفطور - الغداء -العشاء)

6- يا طلاب، ماذا .... يوم الخميس؟ (تدرسون - تدرسان - تدرسين)

7- في السنة .... شهرا. (أحد عشر - اثنا عشر- ثلاثة عشر)

8- لا أحب فَصل ....، لأني لا أحب البرد. الصيف - الربيع - الشتاء)

9- عادة ....أختي التلفزيون في المساء. (تُشاهِد - تَستَمِع - تدرس)

10- لا .... اسم الأستاذة الجديدة. (نَحفَظ - نَتَذَكَّر - نَسمع)

Q154/ Read the text and answer the following questions.

ليلى محمود

هذه ليلى محمود. هي سورية من مدينة دمشق. وهذا زوجها نادر. هو مغربي من مدينة مراكش. بيت ليلى ونادر في مدينة فاس. ليلى مهندسة في شركة للسيارات، ونادر طبيب في مستشفى. وهذه نادية، بنت ليلى ونادر، وهي طالبة. كل يوم، تأكل الأسرة الفطور الساعة السابعة صباحا، وتخرج من البيت الساعة الثامنة. يذهب الأب والأم إلى العمل بالسيارة، وتذهب نادية إلى المدرسة بالباص. ترجع الأسرة الساعة الثالثة بعد الظهر. في المساء، تكتب نادية دروسها، ويقرأ الأب الجريدة، وتشاهد الأم التلفزيون. هذا الصيف، ستذهب الأسرة إلى تركيا لأسبوعين.

1- هل نادر سوري؟

....

2- كيف تذهب ليلى إلى العمل؟

....

3- متى ترجع الأسرة إلى البيت؟

....

4- ماذا يفعل نادر في المساء؟

....

5- أين ستذهب الأسرة في الصيف؟

....

Q155/ Choose the correct word from the list below to fill in the gaps.

(مشيا - أسرة - أسكن - شركة - التاريخ
أحيانا - الواجِب - أحب - ممرضة - بريطانية)

أحمد عبدالله

أنا أحمد عبدالله. أنا طالب في جامعة عَمّان، وأدرس ....

أنا في السنة الثانية، وعُمري عشرون سنة . ... في مدينة عمان في مِنطَقة (جَبَل عمان) في بيت صغير. عندي .... صغيرة، هي أبي وأمي وأخي نادر وأختي سارا. أبي مهندس في .... كبيرة، وأمي .... في مستشفى قريب من البيت. بيتي قريب من الجامعة، وعادة أذهب إلى الجامعة بالباص، ولكن .... أذهب بالسيارة مع أبي. أخي نادر عمره 15 سنة، وهو طالب في مدرسة .... مدرسته قريبة من البيت، ويذهب إليها عادة بالدراجة. أختي سارا عمرها 8 سنوات، وهي طالبة أيضا. مدرستها قريبة من البيت، وتذهب إليها عادة .... في المساء نرجع إلى البيت، ثُمَّ نأكل العشاء الساعة التاسعة. بعد ذلك، أكتب .... عادة أو أقرأ الجريدة. .... أسرتي كثيرا.

Q156/ Read the text and answer the following questions.

حَياتي اليوميّة

اسمي سلمان نادر، وأنا محاسب في البنك العربي في وسط المدينة. كل يوم أخرج من البيت الساعة الثامنة صباحا، وأذهب إلى العمل عادة بالباص، ولكن أحيانا أذهب بالقطار. دائما أعمل حتى الساعة الواحدة ظهرا، ثُمَّ آكل الغداء غالبا بين الساعة الواحدة والساعة الثانية. عادة آكل في الغداء ساندويش، ولكن أحيانا آكل الرز والدجاج أو السمك والبطاطا. لا أشرب القهوة بعد الغداء أبدا. في الساعة السادسة أرجع إلى البيت عادة مع زَميلي أحمد بسيارته القديمة. عادة آكل العشاء في البيت الساعة التاسعة، ولكن أحيانا أخرج إلى المطعم مع زوجتي وأولادي، ونأكل في مطعم لبناني أو إيطالي. أنا آكل عادة اللحم والفَتّوش مع المَكرونة، وأشرب زجاجة كولا، وزوجتي تأكل التَّبّولة وباباغَنّوج مع السمك المَشوي، وتشرب عصير التفاح. أولادي عادة يأكلون وَرَق العِنَب والكُبّة مع الدجاج المَقلي أو ساندويشات اللحم أو الدجاج، ويشربون عصير البرتقال أو التفاح أو الكولا. بعد ذلك، نرجع إلى البيت بالتاكسي. نحن أسرة صغيرة، ولكن سعيدة جدا!

1- ماذا يعمل سلمان؟

.------------------------------------

2- متى يأكل سلمان الغداء عادة؟

.------------------------------------

3- هل يشرب سلمان القهوة ظهرا؟

.------------------------------------

4- كيف يرجع سلمان إلى البيت عادة؟ ومع من؟

.------------------------------------

5- في أي مطعم يأكل سلمان وأسرته عادة؟

.------------------------------------

6- كم ولدا في أسرة سلمان؟

.------------------------------------

7- ماذا يشرب سلمان عادة في المطعم؟

.------------------------------------

8- أي طعام تأكل زوجة سلمان عادة في المطعم؟

.------------------------------------

9- ماذا يشرب الأولاد عادة في المطعم؟

.------------------------------------

10- كيف ترجع الأسرة إلى البيت عادة؟

.------------------------------------

11- هل أسرة سلمان كبيرة؟

.------------------------------------

12- هل أسرة سلمان سعيدة؟

.------------------------------------

Q157/ Read the text and decide whether the following sentences are true or false, and correct the false ones.

إلى مرّاكش

مراكش مدينة قديمة جدا في المغرب. هي صغيرة، لكنها جميلة جدا. ليس هناك نهر في المدينة، وهي بعيدة قليلا عن البحر. في هذه المدينة شارع طويل، اسمه شارع محمد الخامس، وهناك سوق قديم وكبير في وسط المدينة. عندي ابن عمّ من هذه المدينة، اسمه سامي. هو طالب في الجامعة، ويدرس الاقتِصاد. السنة الماضية ذهبت إلى مراكش، وذهبت إلى بيت ابن عمّي سامي في شرق المدينة. في اليوم الثاني ذهبنا إلى وسط المدينة، وأكلنا في مطعم مغربي الكسكس والطَجين، وشربنا عصير البرتقال. اشترينا حقيبة صغيرة وقميصا أسود من السوق القديم. بعد أسبوع رجعت من المغرب، وكتبت رسالة أِلكترونية لسامي، وقلت له: شكرا جَزيلا.

1- مراكش قريبة من البحر. ....

2- سامي يدرس الكيمياء. ....

3- بيت سامي في شمال المدينة. ....

4- في اليوم الثالث ذهب الصديقان إلى وسط المدينة. ....

5- اشترى الصديقان حقيبة وقميصا من السوق. ....

Q158/ Choose the correct meaning of the following words from the previous text (To Marrakech).

1 -قليلا

A- a bit
B- small
C- few

2 -ابن عمّ

A- brother
B- sister
C- cousin

3 -الماضية

A- next
B- late
C- last

4 -قلت

A- I spoke
B- I said
C- I thanked

5 -جزيلا

A- very much
B- very good
C- very enough

Q159/ Use each of the following words to write a full sentence.

1 -قليلا · --

2 -ابن عمّ · --

3 -الماضي · --

4 -قلت · --

5 -جزيلا · --

Q160/ Read the text and answer the following questions.

أصحابي في بيروت

في الأسبوع الماضي، ذهب خالد وعلي ونادية إلى مدينة بيروت. وصلوا إلى الفندق يوم السبت مساءا . يوم الأحد خرجوا إلى وسط المدينة صباحا، وحضروا حفلة موسيقية. في وقت الظهر، ذهبوا إلى مطعم لبناني معروف. أكل خالد سمكا مع السلطة وشرب زجاجة كولا، وأكل علي الدجاج مع الرز وشرب فنجان قهوة، وأكلت نادية بيتزا وشربت عصير الليمون. بعد الغداء، ذهب الأصحاب إلى المتحف الوَطَنِي، وشاهدوا تحفا فَنّيّة كثيرة بعضها قديمة جدا. بِطاقة الدُّخول إلى المتحف بعشرة دولارات. وفي المساء، ذهبوا إلى السوق، واشترت نادية قميصا حَريرِيّا وحقيبة سوداء، واشترى خالد خاتَما ذهبيا لأمه ولُعبة صغيرة لأخته. رجع الجَميع إلى الفندق مشيا، لأن الجو كان جميلا والفندق كان قريبا.

1- ماذا فعل الأصحاب أوّلا يوم الأحد؟ ....

2- إلى أي مطعم ذهب الأصحاب؟ ....

3- بكم بطاقة الدخول إلى المتحف ؟ ....

4- ماذا اشترى خالد؟ ولمن؟ ....

5- لماذا رجع الأصحاب إلى الفندق مشيا؟ ....

Q161/ Choose the correct meaning of the following words from the previous text (My friends and me in Beirut).

1- وصل

A- to depart
B- to book
C- to arrive

2- حضر

A- to attend
B- to go
C- to hear

3- الوطني

A- national
B- free
C- musical

4- شاهد

A- to buy
B- to see
C- to learn

5- تحف فنية

A- nice pictures
B- traditional clothes
C- artefacts

6- حريري

A- wooden
B- silk / silky
C- old

7- لعبة

A- toy
B- book
C- shirt

Q162/ Use each of the following words to write a full sentence.

1- وصل --.

2- حضر --.

3- شاهد --.

4- لعبة --.

Q163/ Read the text and answer the following questions.

أحمد السعدي

أنا أحمد السعدي. أنا طالب في جامعة دمشق، وأدرس الهَنْدَسة. أنا في السنة الثالثة، وعُمري واحد وعشرون سنة . أسكن في مدينة دمشق في مِنطَقة (المَرجة) في بيت صغير. عندي أُسرة صغيرة، هي أبي وأمي وأخي نادر وأختي سلمى. أبي مهندس في شركة كبيرة للألِكترونِيّات، وأمي موظفة في مصنع للمَلابِس قريب من البيت. عادة أذهب إلى الجامعة بالباص وأرجع به أيضا، ولكن أحيانا أذهب بالسيارة مع أبي. أخي نادر عمره 15 سنة، وهو طالب في مدرسة ثانَوِيّة، ومدرسته قريبة من البيت، ويذهب إليها عادة بالدراجة. أختي سلمى عمرها 8 سنوات، وهي طالبة في مدرسة اِبتِدائيّة قريبة من البيت أيضا، وتذهب إليها عادة مشيا.

1- ماذا يدرس أحمد، وفي أي (أيّة) سنة؟

....

2- ماذا تعمل أم أحمد، وأين؟

....

3- كم عمر نادر؟

....

4- مَن سلمى، وأين تدرس؟..

5- كيف تذهب سلمى إلى المدرسة؟

....

Q164/ Choose the correct meaning of the following words from the previous text.

1- عمر

A- birthday
B- age
C- size

2- منطقة

A- city
B- village
C- area

3- موظفة

A- student
B- employee
C- nurse

4- ثانوية

A- primary
B- secondary
C- summer

5- ابتدائية

A- primary
B- secondary
C- old

Q165/ Use each of the following words to write a full sentence.

1- عمر ....

2- منطقة ....

3- موظفة ....

4- ثانوية ....

5- ابتدائية ....

Q166/ Read the text and answer the following questions.

رِحلتي إلى تونس

اسمي لَيلى حَمدان، وأنا من لندن. الشهر الماضي ذهبت إلى تونس مع صديقتي سارا لأربعة أيام، ونَزَلنا في فندق جديد وجميل في وسط المدينة، ورخيص أيضا. الجو كان حارّا ومشمسا. في اليوم الثاني، ذهبنا إلى البحر وأخذنا رحلة قصيرة بالقارِب. رجعنا في المساء وأكلنا العشاء في مطعم الفندق. كنت تعبانة جدا، فذهبت إلى النوم بعد العشاء. في اليوم الثالث، أكلنا الفطور في مطعم قريب من الفندق، ثم ذهبنا إلى وسط المدينة. أولا، زُرنا المَتحَف الوَطَني في المدينة. السُّيّاح عادة يزورون هذا المتحف، وينزلون في فندق قريب منه. سِعر التَّذكِرة 10 جنيهات تَقريبا لكل شخص. بعد ذلك، ذهبنا إلى سوق المدينة، وهو سوق كبير وجميل. في هذا السوق، الناس يبيعون المَلابِس والأطعِمة والمشروبات والكتب والمجلات وغَيرَها لِلسياح ولِغَيرِهِم. اشتريت فستانا عربيا وحقيبة جميلة،

واشترت سارا فستانا عربيا أيضا وقميصا أزرق. في اليوم الأخير، أكلنا الفطور في الفندق، ثمّ أخذنا التاكسي إلى المطار، ورجعنا إلى لندن ظهرا. الرحلة كانت مُمتِعة جدا! أحب تونس كثيرا!

1- أين نزلت ليلى؟

....

2- كيف كان الجو في تونس؟

....

3- ماذا فعلت سارا في اليوم الثاني؟

....

4- بكم التذكرة للمتحف الوطني؟

....

5- ماذا يشتري الناس من سوق المدينة في تونس عادة؟

....

6- ماذا اشترت سارا من السوق؟

....

7- كيف ذهبت ليلى إلى المطار؟

....

8- كيف كانت الرحلة؟

....

Q167/ Choose the correct meaning of the following words/phrases from the previous text (To Tunisia).

1- رحلة

A- meeting
B- trip
C- party

2- نزل

A- to book
B- to arrive
C- to stay

3- أخذ

A- to take
B- to offer
C- to give

4- زرنا

A- We visited
B- We bought
C- We travelled

5- السياح

A- students
B- tourists
C- children

6- سعر

A- value
B- number
C- price

7- تقريبا

A- more or less
B- more
C- less

8- يبيع

A- to buy
B- to keep
C- to sell

9- الأخير

A- first
B- best
C- last

10- ممتع

A- long
B- interesting
C- expensive

Q168/ Use each of the following words to write a full sentence.

1- رحلة ------------------------------------.

2- نزل ------------------------------------.

3- أخذ ------------------------------------.

4- زرنا ------------------------------------.

5- السياح ------------------------------------.

6- سعر ------------------------------------.

7- تقريبا ------------------------------------.

8- يبيع ------------------------------------.

9- الأخير ------------------------------------.

10- ممتع ------------------------------------.

Q169/ Write (50 words in Arabic) about your last holiday using words from the previous text.

السنة الماضية --

------------------------------. الرحلة كانت جميلة جدا.

Q170/ Choose the correct (<u>most appropriate</u>) word to complete the following sentences.

1- ندرس في .... الاقتصاد. (وِزارة - كُلّيّة - مكتب)

2- تركت أمريكا .... سنتين. (في - حتّى - قبل)

3- أقاربي .... في مدينة القاهرة. (يسكنون - يسكن - أسكن)

4- سيارتي الجديدة .... (جميل - مريضة - بيضاء)

5- عندي .... مع الطبيب اليوم بعد الظهر. (حفلة - موعد - درس)

6- .... أسواق كبيرة. (هذه - هذا - هؤلاء)

7- مئة واثنان وثلاثون. (123 - 113 -132)

8- هذا الولد .... بالجوع. (يأكل - يشعر - يشرب)

9- درجة الحرارة اليوم صِفر. الجو اليوم .... (حار - مُعتَدِل - بارد)

10- ....، بكم كيلو التفاح؟ (من فضلك - شكرا - أهلا)

Q171/ Translate the following sentences into Arabic.

1- We will go to Egypt this summer to study history.

....

2- Marrakech is an old and beautiful city and many tourists visit it every year.

....

3-There are two new accountants in this small bank.

....

Q172/ Choose the correct word from the list below to fill in the gaps.

(صديقنا - نشاهد - ذلك - أولاد - لِذلك - سعيدا - بَعض - ياباني)

يوم سعيد

أنا أحمد نادر وأنا محاسب في بنك. وهذه زوجتي زينب، وهي مهندسة في شركة. ليس عندنا .... غدا ليس عندنا عمل، و.............. سنذهب بعد الظهر إلى مطعم .... للغداء. بعد .... ، سنذهب إلى السوق لنشتري .... الفواكه والخضراوات. في المساء سنذهب إلى السينما مع .... اللبناني زيد وزوجته لِ .... فيلما عربيا جديدا. سيكون يوما ....!

Q173/ Choose the correct (<u>most appropriate</u>) word to complete the following sentences.

1- في طفولتي .... في بيت جدي. (سكنت - أسكن - سأسكن)

2- أسرتي صغيرة، عندي أخ واحد .... (مهندس - فقط - أصغر)

3- زوجته تعمل في شركة كبيرة، .... تسافر كثيرا. (لأنها- لذلك- حتى)

4- دراجتي القديمة .... (أبيض - قصيرة - زرقاء)

5- في باريس هناك متاحف .... (جميلات - جميلة - جميل)

6- .... الرجال مصريون. (ذلك - هذا - هؤلاء)

7- السنة الماضية .... بالجامعة. (دخلت - تَخَرَّجت - اِلتَحَقت)

8- أنا تعبان جدا، لأني عملت .... الأسبوع. (كل - كثيرا- قبل)

9- درست اللغة الفرنسية .... درست اللغة العربية. (قبل - بعد - ثم)

10- أخي .... في فندق عندما يذهب إلى دبي. (يسكن- ينزل - يُفطِر)

Q174/ Read the text and answer the following questions.

أسرتي

أنا ليلى سعيد، وأنا من سورية. وهذا زوجي محمد، وهو من مصر من مدينة القاهرة. أنا مدرسة في مدرسة ابتدائية، وزوجي محاسب في البنك المصري- الفرنسي. بيتنا في وسط مدينة القاهرة في شارع قريب من نهر النيل. عندنا ولد اسمه زيد، وهو طالب في جامعة القاهرة، ويدرس التاريخ المصري القديم. وعندنا بنت اسمها نادية، وهي طالبة أيضا، وتدرس الرياضيات في جامعة الإسكندرية.

بيتنا في شارع طويل ومُزدَحِم، وهناك سيارات كثيرة عادة في هذا الشارع. هناك سوق كبير وقريب من بيتنا. خَلف البيت، هناك حديقة كبيرة وجميلة، وعادة نجلس في هذه الحديقة في المساء. هناك طابِقان في البيت: في الطابق الأول، هناك غرفة الجُلوس والمَطبَخ والحَمّام، وفي الطابق الثاني، هناك غرفة كبيرة لي ولزوجي، وغرفتان صغيرتان: واحدة لزيد، والثانية لنادية، وحمام. عندنا قطة صغيرة اسمها توتو، ولكن ليس عندنا كلب. وعندنا سيارة كبيرة، لكنها قديمة.

كل يوم، نأكل الفطور الساعة السابعة صباحا، ويذهب زوجي إلى العمل بالسيارة، وأذهب إلى المدرسة مشيا، لِأنَّ المدرسة قريبة جدا من بيتي. ويذهب زيد إلى الجامعة عادة بالباص.

نادية تذهب إلى جامعة الإسكندرية بالقطار يوم السبت، وترجع يوم الخميس كل أسبوع. في نِهاية الأسبوع، عادة أذهب مع نادية إلى السوق، وأحيانا نخرج جميعا إلى السينما أو إلى المَسرَح، ونأكل في المطعم. أخيرا، أحب أسرتي وبيتي كثيرا، ولكن لا أحب سيارتنا القديمة. أيضا أحب مدينة القاهرة، ولكن لا أحب الجو الحار في الصيف في هذه المدينة الكبيرة والمزدحمة.

1- أين تسكن أسرة ليلى؟

ـــ .

2- ماذا يدرس زيد، وأين؟

ـــ .

3- كم حماما في البيت؟ وأين؟

ـــ .

4- ماذا تفعل الأسرة في نهاية الأسبوع؟

ـــ .

5- هل تحب ليلى مدينة القاهرة في الصيف؟ ولماذا؟

ـــ .

Q175/ According to the same text (My family), write a question to each answer below.

1- ـــ ؟ محاسب.

2- ـــ ؟ في جامعة الإسكندرية.

3- ـــ ؟ توتو.

4- ـــ ؟ مشيا

5- ـــ ؟ يوم الخميس.

Q176/ Choose the correct meaning of the following words/phrases from the previous text (My family).

1- مزدحم

A- empty
B- quiet
C- busy

2- خلف

A- above
B- inside
C- behind

3- طابق

A- window
B- floor
C- balcony

4- غرفة الجلوس

A- sitting room
B- dining room
C- garden

5- لأنَّ

A- therefore
B- because
C- although

6- نهاية الأسبوع

A- week days
B- week end
C- mid-week

7- أحب

A- I wish
B- I want
C- I like/love

Q177/ Use each of the following words to write a full sentence.

1- مزدحم

2- خلف

3- لأن

4- نهاية الأسبوع

5- أحب

Q178/ Read the text and decide whether the following sentences are true or false and correct the false ones.

سوق (الحَميدِيّة) في دمشق

سوق (الحميدية) هو سوق كبير وقديم جدا في وسط مدينة دمشق بين شارع (النَّصر) والجامِع الأُمَوِيّ الكبير. يفتح سوق (الحميدية) كل يوم، ولكن بعض المحلات لا تفتح يوم الجمعة، لأنَّ هذا اليوم عُطلة نهاية الأسبوع في سورية وفي كثير من البلاد العربية. في هذا السوق، هناك محلات كثيرة تبيع أشياء مُختَلِفة من الملابس والأطعمة والحلويات والمشروبات العربية مِثلَ البَقلاوة والكُنافة والشاي العربي وغَيرها.

بجانب سوق الحميدية، هناك الجامع الأموي. وهو جامع كبير وقديم ومَشهور جدا في الشرق الأوسط، بَناه السُّلطان عَبد الحَميد الأول والسلطان عبد الحميد الثاني. يزور كثير من الناس العَرَب وغَير العرب والمُسلِمين وغير المسلمين هذا الجامع، خاصّة في الصيف، لأن الجو في سورية جميل وحار ومشمس في الصيف. كل مَن يذهب إلى دمشق، يزور عادة سوق الحميدية ويأكل ويشرب فيه، ويشتري أشياء كثيرة وجميلة من هذا السوق.

1- سوق الحميدية بين شارع النصر والجامع الأموي.

.--

2- كل المحلات تفتح كل يوم في سوق الحميدية.

.--

3- الناس يشترون الكُتُب والجَرائد من سوق الحميدية.

.--

4- السلطان عبد الحميد الأول بنى الجامع الأموي.

.--

5- الناس يزورون الجامع الأموي كثيرا في الصيف، لأن الجامع يفتح في الصيف فَقَط.

.--

Q179/ Choose the correct meaning of the following words/phrases from the previous text (Al –Hamidiya Bazaar).

1- يفتح

A- to close
B- to open
C- to sell

2- بعض

A- all
B- some
C- every

3- مختلف

A- similar
B- different
C- tasty

4- غيرها

A- others
B- rest
C- also

5- بنى

A- to make
B- to bring
C- to build

Q180/ Use each of the following words to write a full sentence.

1- يفتح ....

2- بعض ....

3- كثير ....

4- مختلف ....

5- غيرها ....

Q181/ Choose the correct word from the list below to fill in the gaps.

(الشتاء ــ مشيا ــ كل ــ أزور ــ اسمه ــ نهاية ــ فيه ــ قريب)

سوق دبي

في مدينة دبي، هناك سوق كبير وجميل، _____ سوق (جُمَيرة). يذهب الناس إلى هذا السوق عادة في كل أيام الأسبوع، وخاصة في _____ الأسبوع وفي أيام العُطَل. ويذهبون إليه عادة بالباصات أو السيارات أو القطارات، ولكن بعض الناس يذهبون _____ ، لأن السوق _____ من بيوتهم. كثير من الناس يذهبون إلى هذا السوق ويأكلون ويشربون في المطاعم الكثيرة _____ . هناك مطاعم مختلفة في _____ سوق في دبي، مِثلَ المطعم الإيطالي والإسباني والهندي والصيني. أحب مدينة دبي كثيرا، خاصة في _____ ، لأن الجو فيها حار قليلا ومشمس. سأذهب إلى دبي هذه السنة مع أسرتي، و _____ هذا السوق.

Q182/ Read the text and answer the following questions.

مطعم (نَجيب مَحفوظ)

مطعم (نجيب محفوظ) في مدينة القاهرة القديمة في منطقة (خان الخليلي) في مصر. هو مطعم جميل وكبير، لكنه غالٍ جدا. عندما يذهب السياح إلى مدينة القاهرة، عادة يذهبون إلى هذا المطعم، ويأكلون ويشربون فيه، لأن الطعام شهيّ والمطعم جميل وقريب جدا من كل المحلات في سوق (خان الخليلي) أيضا. الناس في مصر أيضا يذهبون إلى هذا المطعم يوم الخميس أو يوم الجمعة غالبا.

يفتح المطعم كل يوم من الساعة العاشرة صباحا حتى الساعة الثانية عشرة ليلا، ويُقَدّم كثيرا من الأكلات والمشروبات المصرية المشهورة، مثل الفَلافِل المصرية والكُشَري والشاي والقهوة، ويقدم أيضا (الشيشة) المصرية.

فُتِحَ المطعم في سنة 1989، وصاحب المطعم اسمه (سمير متري)، لكن المطعم اسمه (مطعم نجيب محفوظ)، لأن الكاتب المصري والعالَميّ المشهور (نجيب محفوظ) ذهب إلى هذا المطعم كثيرا، وجلس وأكل وشرب فيه مع أسرته وأصدقائه، وكتب فيه بعض قِصَصِه أيضا. في المطعم هناك كرسي ومائدة

لنجيب محفوظ، وعلى تِلكَ المائدة هناك صورة له (نجيب محفوظ) وبعض من قصصه.

المطعم في وسط سوق (خان الخليلي)، وفي هذا السوق، الناس يبيعون الملابس والتحَفِيّات المصرية والكتب والقصص وغيرها للسياح الأوربيين والأمريكيين والعرب وغيرهم. وهناك سيارات (تاكسي) تأخذ السياح من الفندق إلى سوق (خان الخليلي) أو إلى هذا المطعم، ويرجعون عادة إلى الفندق بالتاكسي أيضا. كل السياح يحبون سوق (خان الخليلي) و(مطعم نجيب محفوظ) كثيرا، ويريدون أن يرجعوا إلى القاهرة مرة ثانية.

1- متى يذهب المصريون إلى مطعم (نجيب محفوظ)؟

....

2- لماذا يذهب الناس إلى هذا المطعم؟

....

3- ماذا يأكل الناس عادة في هذا المطعم؟

....

4- أين صورة (نجيب محفوظ) في المطعم؟

....

5- ماذا يشتري السياح عادة من سوق (خان الخليلي)؟

....

Q183/ According to the same text, write a question to each answer below.

1- _____؟ في خان الخليلي.

2- _____؟ الساعة العاشرة صباحا.

3- _____؟ سمير متري.

4- _____؟ القهوة والشاي.

5- _____؟ بالتاكسي.

Q184/ Choose the correct meaning of the following words from the previous text.

1- غالٍ

A- cheap
B- far
C- expensive

2- يقدم

A- to sell
B- to offer
C- to give

3- صاحب

A- waiter
B- owner
C- customer

4- مشهور

A- known
B- interested
C- old

Q185/ Use each of the following words to write a full sentence.

1- غالٍ _____.

2- يقدم _____.

3- صاحب _____.

4- مشهور _____.

Q186/ You are going on holiday to Cairo and would like to have a meal at (Najeeb Mahfoozh's restaurant). Write an email (50 words) to book a table and tell staff about food and drinks you would like to have and any other enquiries.

مرحبا، _____

_____

_____

_____

_____ شكرا، ومع السلامة.

Q187/ Read the text and decide whether the following sentences are true or false and correct the false ones.

الفَلافِل العربية

الفلافل العربية أكلة (وَجبة) عربية مَشهورة في كثير من البلاد العربية، مثل سورية ولبنان والأردن والعراق ومصر. هناك نوعان من الفلافل العربية: الفلافل السورية، وهي مَصنوعة من الحُمُّص، والفلافل المصرية (الطَّعمِيّة)، وهي مصنوعة من الفول، وهناك فلافل تركية وإيرانية في الشرق الأوسط أيضا، وهي مُشابِهة كثيرا للفلافل العربية.

العرب يحبون الفلافل كثيرا ويأكلونها عادة في الغداء أو العشاء، وأحيانا في الفطور أيضا مع الخبز والسلطة أو البيض. وكثير من الطلاب والتلاميذ عادة يحمِلون (ساندويشات) الفلافل في حَقائبِهم إلى المدرسة.

والفلافل أكلة صِحِيّة وليست غالية. وفي السعودية هناك مطاعم خاصة للفلافل قريبة من المدارس، وتقدم الفلافل مَجّانا كل يوم للطلاب بين الدروس، لأنها مُفيدة وشَهِيّة وكثير من الطلاب يحبونها.

عندما سافر العرب إلى أمريكا اللاتينيّة وسكنوا فيها، أخذوا معهم وَصفة الفلافل. وعندما جَرَّب الناس الفلافل في البرازيل والأرجنتين أحبّوها أيضا، وصارت أكلة مشهورة في كل مدينة

كبيرة في أمريكا اللاتينية، مثل ريوديجانيرو وساوباولو وبوينس أيرس وغيرها. والآن هناك مطاعم للفلافل في كثير من الأسواق أو الشَّوارِع في مدينة ساوباولو يذهب إليها العرب وغير العرب. كَذلِكَ هناك مطاعم للفلافل في كثير من المدن في أمريكا وأوربا، مثل نيويورك ولندن وباريس وغيرها. وصارت الفلافل أكلة عالَمِيّة مشهورة يحبها الناس في كل العالم.

1- الفلافل المصرية مصنوعة من الحمص.

....

2- الطلاب يحبون الفلافل، لأنها فَقَط ليست غالية.

....

3- الطلاب يأكلون الفلافل عادة في الفطور في البيت.

....

4- سافر العرب إلى أمريكا اللاتينية ورجعوا بعد سنة.

....

5- في مدينة ساوباولو هناك مطعم للفلافل في كل شارع.

....

6- الناس في العالم يحبون الفلافل كثيرا.

....

Q188/ Choose the correct meaning of the following words/phrases from the previous text (Arabic Falafel).

1- نوع

A- food
B- kind
C- branch

2- مصنوعة

A- made from
B- taken form
C- brought from

3- مشابهة

A- cheaper
B- similar
C- popular

4- صحية

A- cheap
B- nice
C- healthy

5- مجانا

A- for free
B- by credit card
C- by cash

6- وصفة

A- magazine
B- recipe
C- style

7- جرّب

A- to try
B- to buy
C- to cook

8- صارت

A- to be
B- to become
C- to have

9- عالمي

A- local
B- expensive
C- international (popular)

Q189/ From the previous text, write the synonyms (similar meaning) of the following words or phrases.

1- يأخذون   ----------------

2- رخيصة   ----------------

3- جيد   ----------------

4- ترك (المدينة)   ----------------

5- أيضا   ----------------

Q190/ Read the text and decide whether the following sentences are true or false and correct the false ones.

مرّاكش

مراكش مدينة تاريخية قديمة جدا في وسط المغرب. في مراكش آثار كثيرة قديمة وجميلة، مثل جامع (الكتبية) وجامع (الفنا)، والسياح عادة يزورون مراكش، ويحبون لون المدينة الأحمر والجو المشمس فيها. في الصيف، الجو في مراكش عادة حار جدا، ولكن في الشتاء بارد في الليل ومُعتَدِل في النهار. تَتَمَيَّز المدينة بأشجار النَّخيل الجميلة في كل شارع والحَدائق الكبيرة والجميلة، مثل حديقة (المَنارة) في غرب المدينة.

في مراكش هناك فَنادِق قديمة ومشهورة مثل فندق (المأمونية). وينزل في هذا الفندق عادة كثير من الناس المشهورين. وفي الماضي، نزل في هذا الفندق رَئيس وُزَراء بريطانيا (وِنستون تشيرتشِل) والمُمَثِّلة المَشهورة (إلزابيث تَيلر).

في مراكش أيضا سوق قديم ومُهِمّ اسمه (سوق السَّمّارين)، وهو قريب من جامع (الفَنا) المشهور. عادة السياح يذهبون إلى هذا السوق ويشترون الملابس المغربية والحَقائب الجِلدِيّة وغيرها. ويأكلون في هذا السوق الأطعِمة المغربية المشهورة، مثل الكُسكُس والطَّجين، ويشربون الشاي المغربي مع الحَلويات العربية. بعد ذلك، يزور السياح جامع (الفنا)، ثم يرجعون إلى الفندق بالتاكسي أو بالحَنطور (عَرَبة الحِصان).

كل السياح يحبون مدينة مراكش والمُدُن المغربية الأُخرى كثيرا، ويُريدون أن يرجعوا إلى المغرب مرة ثانية.

1- كيف الجو في الشتاء في مدينة مراكش؟

....

2- ما لون البيوت في مدينة مراكش؟

....

3- أين حديقة (المنارة)؟

....

4- ماذا يفعل السياح في سوق (السمارين)؟

....

5- كيف يرجع السياح عادة إلى الفندق؟

....

Q191/ Read the same text (Marrakech) and decide whether the following sentences are true or false and correct the false ones.

1- في مراكش أشجار النخيل فقط في الحدائق الكبيرة.

....

2- ذهب (ونستون تشيرتشل) إلى حديقة المنارة.

....

3- الطجين حلويات عربية مشهورة في المغرب.

....

4- عادة السياح يزورون أولا جامع (الفنا)، ثم سوق (السمارين).

....

5- يرجع السياح إلى الفندق بالحنطور أو بالتاكسي.

....

Q192/ Choose the correct meaning of the following words/phrases from the previous text (Marrakech).

1- آثار

A- exhibitions
B- monuments
C- festivals

2- معتدل

A- moderate
B- snowing
C- windy

3- تتميز

A- to be different
B- to be distinguished
C- to be built

4- مهم

A- small
B- old
C- important

5- يريد

A- He decides
B- He wants
C- He askes

Q193/ Use each of the following words to write a full sentence.

1- آثار _____.

2- معتدل _____.

3- تتميز _____.

4- مهم _____.

5- يريد _____.

Q194/ Read the text (advertisement) and write a question to each of the following answers.

مرحبا بكم في الرحلات النهرية في نهر النيل

نقدم لكم نوعين من الرحلات النهرية:

1- الرحلات القصيرة. 3 ساعات

وقت الرحلة من الساعة التاسعة مساءا حتى الساعة الثانية عشرة ليلا، وهي في نهر النيل حَولَ مدينة القاهرة. العشاء في هذه الرحلة سمك مشوي مع المكرونة والسلطة أو دجاج مقلي مع الرز والسلطة، والمَشروبات: شاي وقهوة وعصير وكولا.

سعر التذكرة: 50 دولارا لكل شخص (مع العشاء).

2- الرحلات الطويلة. 5 أيام

وقت الرحلة من يوم السبت حتى يوم الخميس في كل أسبوع، وتبدأ من مدينة أسوان إلى مدينة الأقصر ثم ترجع إلى أسوان. وقت الفطور بين الساعة 7- 10 صباحا، والفطور: جبن فرنسي وجبن إيطالي وجبن عربي وبيض ولبن وخبز وسيريال، مع الشاي والقهوة وأنواع العصير. وقت الغداء بين الساعة 12-3 ظهرا، والغداء: سمك مشوي مع المكرونة والسلطة، أو دجاج مقلي مع الرز والسلطة، أو بيتزا مع اللحم أو الخَضراوات، أو مكرونة مع سمك التونة. والمشروبات: شاي وقهوة وعصير وكولا وخمر. وقت العشاء بين الساعة 8-11 مساءا، والعشاء: سمك مشوي مع المكرونة

والسلطة، أو دجاج مقلي مع الرز والسلطة، أو بيتزا مع اللحم أو الخضراوات، أو مكرونة مع سمك التونة، أو برياني مع الدجاج أو اللحم. والمشروبات: شاي وقهوة وعصير وكولا وخمر لبناني.

في القارِب هناك غُرَف لِشَخص أو لشخصين ومطعم كبير ومسبح. وفي هذه الرحلة هناك زِيارة لمدينة الأقصُر ومُشاهدة الآثار المصرية القديمة فيها.

سعر التَّذكِرة: 500 دولار لكل شخص.

1- _____ ؟

في نهر النيل حول مدينة القاهرة.

2- _____ ؟ 50 دولارا.

3- _____ ؟

من يوم السبت حتى يوم الخميس.

4- _____ ؟

جبن فرنسي - جبن - بيض - لبن - خبز - سيريال.

5- _____ ؟ لبناني.

Q195/ You are going to Cairo with some friends and would like to take a cruise around the Nile. Write an email (50 words) to the staff to book seats and tell them about food and drinks you all would like to have and any enquiries you would like to ask.

السلام عليكم،

. شكرا.... مع السلامة.

Q196/ Read the text and answer the following questions.

عُطلة أحمد في الصيف القادم

في الصيف القادم سأذهب مع أسرتي إلى الهند، وسننزل في فندق كبير في وسط مدينة دلهي. في اليوم الأول، سنذهب إلى (تاج مَحَل) في مدينة (أجرا)، وسنزور المتحف الوطني، ونَرى الآثار الهندية القديمة. بعد ذلك، سنذهب إلى أَحَد المطاعم الهندية المشهورة هناك. سآكل الدجاج المشوي بالفرن (التندوري)، لأني أحبه كثيرا، خُصوصا مع التَّوابِل الهندية الحارّة. وسيأكل أبي السمك المقلي مع المكرونة، لكنه لن يأكل أي طعام حار، لأنه مريض. أمي وأخي وأختي سيأكلون البرياني مع الكباب الشهي والسلطة. في اليوم الثاني، سنذهب إلى حديقة الحَيوانات، وسنَقضي كل اليوم هناك، لأن الحديقة واسعة وجميلة وفيها حيوانات كثيرة من مُختَلِف دول العالم. سآخذ صورا كثيرة بكاميرتي الجديدة للحيوانات المُتَوَحّشة، كالأسَد والنَّمِر والأفعى، والحيوانات الأُخرى، كالقِرد والفيل والجَمَل والزُّرافة وغيرها. في صباح اليوم الثالث، ستذهب أمي مع أختي إلى أحد الأسواق الشَّعبِيّة المعروفة في المدينة لتشتري بعض الملابس الهندية. وفي المساء، سنذهب كلّنا إلى السينما، لنشاهد أحد الأفلام الهندية، فنحن نحب الأفلام والأغاني الهندية كثيرا. في اليوم الرابع، سأبقى في غرفتي في الصباح، لأكتب بعض الرسائل

لأصدقائي، وسنقضي بَقِيَّة اليوم في مسبح الفندق. لا أعرف ماذا سنفعل في بقية الأيام، لكن سنرى! رُبَّما سنذهب إلى مدن هندية أُخرى، لكن لن نذهب إلى جنوب الهند، لأنه بعيد جدا. بعد أسبوع، سنرجع جَميعا إلى الوَطَن، وستكون رحلة سعيدة وجميلة بالتَّأكيد.

1- ماذا ستفعل الأسرة في اليوم الأول؟

....

2- ماذا سيأكل الأب في المطعم؟

....

3- هل الأسد والجمل من الحيوانات المتوحشة؟

....

4- مَن سيذهب إلى الأسواق الشعبية؟ ولماذا؟

....

5- أين ستذهب الأسرة في اليوم الرابع؟

....

6- لماذا لن تذهب الأسرة إلى جنوب الهند؟

....

Q197/ According to the same text (Ahmed's next summer holiday), write a question to each answer below.

1- ....؟ في الصيف القادم.

2- ....؟ لأنه مريض.

3- ....؟ إلى حديقة الحيوانات.

4- ....؟ بكاميرته الجديدة.

5- ....؟ لأصدقائه.

6- ....؟ في مسبح الفندق.

Q198/ Choose the correct meaning of the following words/phrases from the previous text (Ahmed's next summer holiday).

1- خصوصا

A- generally
B- specially
C- usually

2- حديقة الحيوانات

A- museum
B- liberty square
C- zoo

3- نقضي

A- We stay
B- We leave
C- We spend

4- المتوحشة

A- pets
B- wild
C- domestic

5- شعبية

A- modern
B- public
C- cheap

6- رُبَّما

A- may be
B- surely
C- never

7- جميعا

A- lonely
B- all
C- only

8- بالتأكيد

A- may be
B- certainly
C- probably

Q199/ Use each of the following words to write a full sentence.

1- خصوصا ....

2- حديقة الحيوانات ....

3- نقضي ....

4- المتوحشة ....

5- شعبية ....

6- بقية ....

7- ربما ....

8- بالتأكيد ....

Q200/ Read the same text (Ahmed's next summer holiday) and correct the following sentences.

1- الفندق قريب جدا من تاج محل.

....

2- ستزور الأسرة المتحف الوطني في اليوم الثاني.

....

3- الأم لا تحب الأفلام الهندية، وستذهب إلى سوق شعبي.

....

4- ستذهب الأسرة إلى مدينة مومباي في بقية الأيام.

....

5- ستبقى الأسرة في الهند أسبوعين.

....

Q201/ Read the text and decide whether the following sentences are true or false and correct the false ones.

حديقة (الماجوريل)

حديقة (الماجوريل) هي حديقة مشهورة في مدينة مراكش، وهي في بيت الرسام الفرنسي (جاك ماجوريل). في عام 1980 اشترى مُصَمّم الأزياء الفرنسي (إيف سان لرون) هذا البيت من (جاك ماجوريل). كثير من السياح يزورون هذه الحديقة كل سنة بالحنطور أو السيارة أو الباص، ويأخذون صورا جميلة مع عائلاتهم وأصدقائهم بين أشجار النَّخيل.

لون البيوت في مدينة مراكش عادة أحمر، لكن لون هذا البيت أزرق، وهو مشهور بهذا اللون. في هذا البيت محل صغير يبيع الملابس المغربية والأوربية من مصنع (إيف سان لرون) في المغرب. وهناك أيضا متحف إسلامي في هذا البيت، وفي هذا المتحف تحف عربية جميلة ومختلفة جُمِعَت من أفريقيا وآسيا.

تفتح حديقة (الماجوريل) طَوال السنة، من الأول من شهر أكتوبر إلى الثلاثين من شهر أبريل، من الساعة الثامنة صباحا حتى الساعة الخامسة والنصف بعد الظهر، ومن الأول من شهر مايو إلى الثلاثين من شهر سبتمبر، من الساعة الثامنة صباحا حتى الساعة السادسة بعد الظهر. لكن في شهر رمضان تفتح من الساعة التاسعة صباحا حتى الساعة الخامسة بعد الظهر.

وثمن التذكرة للدُّخول إلى الحديقة 30 درهما، وللدخول إلى المتحف 15 درهما.

1- اشترى جاك ماجوريل البيت في حديقة (الماجوريل) من إيف سان لرون.

---.

2- لون البيت في (حديقة الماجوريل) أزرق.

---.

3- مصنع (إيف سان لرون) في المغرب يبيع الملابس الأوربية فَقَط.

---.

4- لا تفتح حديقة (الماجوريل) يوم الأحد.

---.

5- ثمن التذكرة للدخول إلى المتحف 30 درهما.

---.

Q202/ According to the same text (The Majorelle Garden), write a question to each answer below.

1- _____؟ في مدينة مراكش.

2- _____؟ إيف سان لرون.

3- _____؟ بالحنطور أو السيارة.

4- _____؟ من أفريقيا وآسيا.

5- _____؟ التاسعة صباحا.

6- _____؟ 30 درهما.

Q203/ Choose the correct meaning of the following words/phrases from the previous text (The Majorelle Garden).

1- مصمم الأزياء

A- musician
B- fashion designer
C- poet

2- يأخذ

A- to have
B- to give
C- to take

3- جُمِعَت

A- to be sold
B- to be distributed
C- to be collected

4- طَوال

A- through out
B- every
C- most

5- ثمن

A- ticket
B- price
C- entry

Q204/ From the same text (The Majorelle Garden), write the synonyms (similar meaning) of the following words or phrases.

1- معروف ------------------------

2- سنة ------------------------

3- يذهبون إلى ------------------------

4- أسرة ------------------------

5- إلى ------------------------

Q205/ Read the text and correct the following sentences.

نـهر النيل

النيل نـهر طويل جدا ومشهور في أفريقيا. هو أطوَل نـهر في العالم وطولُه 6650 كيلومترا، ويجري في 11 دولة أفريقية. لنـهر النيل رافِدان، هما النيل الأبيض والنيل الأزرق. يبدأ النيل الأبيض في وسط أفريقيا من بُحيرة (فِكتوريا) في تنزانيا وأوغندا وكينيا، ثم يجري حتى جنوب السودان، ويبدأ النيل الأزرق من بُحيرة (تانا) في إثيوبيا. 80% من الماء في نـهر النيل يأتي من النيل الأزرق خاصّة في فَصل الصيف.

يجتَمِع النيل الأبيض والنيل الأزرق في الخرطوم عاصمة السودان في نـهر واحد، هو نـهر النيل. ويستَمِرّ هذا النـهر إلى الشمال حتى مدينة القاهرة في مصر، ثم إلى البحر المُتَوَسّط.

نـهر النيل مُهِمّ جدا لكل الناس في مصر والسودان والبِلاد الأفريقية الأخرى، لأن الناس في هذه البِلاد يعملون في الزراعة، حَيثُ يزرَعون الفَواكِه والخَضراوات المختلفة والشجر، ويحتاجون إلى الماء من هذا النـهر. وبعض النـاس يصيدون السمك من النيل ويأكلونـه أو يبيعونـه.

كثير من السياح من أوربا وأمريكا وبقية دول العالم يذهبون إلى مصر، خاصة في فصل الشتاء، لأن الجو عادة دافئ فيها. ويزورون مدينة الأقصر في جنوب مصر، لأنها مدينة تاريخية قديمة جدا، وفيها متاحف وآثار فرعونية كثيرة. ينزل السياح عادة في فندق قريب من نهر النيل، ويمشون حول النهر في النهار أو في الليل، وبَعضُهم يأخذون رحلة نهرية في نهر النيل بالقارب. عادة يأكل السياح الغداء أو العشاء في المطاعم العربية الكثيرة التي تقدم الأطعمة والمشروبات المصرية والعربية الشهية، مثل السمك المشوي والدجاج المقلي والكباب والفلافل والشاي العربي والقهوة وغيرها.

1- الماء في نهر النيل الأزرق كثير في الشتاء.

....

2- نهر النيل يجري من الغرب إلى الشرق.

....

3- نهر النيل مهم جدا للناس، لأن الناس يشربون الماء منه.

....

4- المصريون لا يأكلون السمك أبدا، ولكن يبيعونه للسياح.

....

5- الجو في مصر بارد جدا في الشتاء.

....

Q206/ Read the previous text and answer the following questions.

1- من أين يبدأ النيل الأزرق؟

....

2- ماذا يعمل الناس في مصر والسودان والبلاد الأفريقية عادة؟

....

3- متى يذهب السياح إلى مصر عادة؟ ولماذا؟

....

4- ماذا يحب السياح في مدينة الأقصر؟

....

5- ماذا يأكل السياح في المطعم عادة في العشاء في مدينة الأقصر؟

....

Q207/ Choose the correct meaning of the following words from the previous text.

1- يجري

A- to flow
B- to end
C- to pass through

2- يأتي

A- to give
B- to bring
C- to come

3- يستمر

A- stop
B- to continue
C- to finish

4- الزراعة

A- trade
B- agriculture
C- education

5- يصيدون

A- to fish
B- to plant
C- export

6- دافئ

A- very cold
B- very hot
C- warm

Q208/ Read the text and answer the following questions.

ليلة في فندق (بُرج العَرَب) في دبي

فندق برج العرب هو الفندق الكبير والمشهور في العالم، ويَقَع في الإمارات العربية المتحدة في مدينة دبي في جَزيرة صغيرة جدا في منطقة (جُمَيرة). يَبعُد الفندق عن الشاطئ 100 متر فقط، وارتِفاعُه 321 مترا، وفيه 60 طابِقا. مالِك الفندق هو الشيخ محمد بن راشد أمير دبي، وصَمَّمَه المهندس المِعماري توم رايت من شركة (أتكنز). وكَلَّف بناء البرج 650 مليون دولار أمريكي، وهو فندق سبعة نجوم . في عام 2006 حَصَل الفندق على جائزة السياحة العالمية. هناك جَناحان في الفندق: الجناح البانورامي ومساحته بين 225-315 مترا، وسعر الليلة الواحدة فيه هو 5400 درهم، والجناح العادي (ديلوكس) ومساحته 170 مترا، وسعر الليلة الواحدة فيه 4300 درهم.

كثير من الناس من أوربا وأميركا والهند والباكستان والشرق الأوسط يعيشون في دبي ويعملون فيها. والجو في دبي عادة دافئ ومشمس في الشتاء، لكنه حار جدا في الصيف، ولذلك يسافر كثير من الناس في دبي إلى أوربا والولايات المتحدة وآسيا

وأستراليا في الصيف. كثير من السياح من دول العالم يذهبون إلى دبي، وينزلون عادة في فنادقها الكبيرة والجميلة، ويأكلون الطعام العربي والشرقي والعالمي في المطاعم المشهورة فيها، ويشترون الملابس والهَدايا الغالية من أسواقها الكثيرة. وبعض السياح الأغنِياء ينزلون في فندق برج العرب. كل السياح يحبون دبي، خُصوصا في فَصل الشتاء.

أحمد سليمان مهندس من مصر، لكن يعمل في الكويت في شركة كبيرة. وزوجته دنيا أيضا من مصر. ذهب أحمد إلى دبي في السنة الماضية، ونزل في فندق برج العرب مع زوجته للاحتِفال بذِكرى زَواجهما الأولى، ونزل في الجناح البانورامي لليلة واحدة. وقت الدخول إلى الفندق هو الساعة الثالثة ظهرا، ووقت المُغادَرة هو الساعة الثانية عشرة ظهرا. وصل أحمد مع زوجته إلى الفندق وجلس في (اللوبي) قليلا، وشرب فنجان قهوة، ثم ذهب إلى جناحه.

الجناح يتَكَوَّن من طابِقين: في الطابق الأول، هناك مكتب مع حاسوب وشَبَكة مَعلومات (إنترنيت) ومائدة للطعام وغرفة للملابس وحمّام. وفي الطابق الثاني، هناك سرير كبير وحمام كبير وغرفة للملابس. هناك خادِم لكل جناح، وهو يساعِد الضيوف ويجلِب لهم الفطور والجرائد والمجلات وكل شَيء يحتاجونه. جلس أحمد في الجناح وقرأ الجرائد حتى المساء، ثم

ذهب مع زوجته إلى السوق بتاكسي أمام الفندق. اشترى أحمد بعض الملابس والهَدايا لأصدقائه، وزوجته أيضا اشترت بعض الملابس والهدايا لأسرتها وصديقاتها.

في صباح اليوم الثاني، أكل أحمد الفطور مع زوجته في مطعم الفندق، وكان الفطور لَذيذا جدا. بعد ذلك، مشى حول الفندق وأخذ صورا كثيرة وجميلة للفندق وللبحر. في الساعة الثالثة ظهرا ترك أحمد الفندق وذهب إلى مَطار دبي بالتاكسي، ورجع إلى الكويت مع زوجته. أحمد يحب فندق برج العرب كثيرا، وزوجته أيضا تحب الفندق، وفي المستقبل يحب أن يعود مع زوجته إلى دبي، وينزل في هذا الفندق مرة ثانية.

1- بكم الليلة في الجناح العادي في فندق برج العرب؟

....

2- من أين أحمد؟ وأين يعمل؟

....

3- أين نزل أحمد في فندق برج العرب؟ وكم ليلة؟

....

4- أين ذهب أحمد في المساء؟ وكيف؟

....

5- ماذا فعل أحمد في الفندق بعد الفطور؟

....

146

Q209/ According to the same text, correct the following sentences.

1- ذهب احمد إلى فندق برج العرب للعمل هناك.

....

2- دخل أحمد الفندق الساعة الواحدة صباحا.

....

3- الخادم اشترى لأحمد وزوجته بعض الملابس.

....

4- ترك أحمد الفندق ورجع إلى مدينة القاهرة.

....

5- أحمد يحب فندق برج العرب، ولكن زوجته لا تحبه.

....

Q210/ According to the same text (Burj Al-Arab), write a question to each answer below.

1- ....؟

في جزيرة صغيرة.

2- ....؟

لا، هو فندق سبعة نجوم.

3- ....؟ 170 مترا.

4- ....؟

لأن الجو حار جدا في الصيف في دبي.

5- ....؟

للاحتفال بذكرى زواجه الأولى.

Q211/ Choose the correct meaning of the following words/phrases from the previous text (Burj Al-Arab).

1- يقع

A- to be designed
B- to be built
C- to be located

2- مالك

A- owner
B- buyer
C- agent

3- صمم

A- to rent
B- to build
C- to design

4- كلف

A- to take
B- to cost
C- to buy

5- جائزة

A- prize
B- gift
C- donation

6- جناح

A- hall
B- suite
C- floor

7- ذكرى زواجه

A- his wedding anniversary
B- his birthday
C- his engagement

8- وقت المغادرة

A- check-in time
B- check-out time
C- arrival time

9- مشى حول

A- to walk around
B- to sit in
C- to leave

10 - جلب

A- to give
B- to take
C- to bring

Q212/ Use each of the following words to write a full sentence.

1- يقع ....

2- مالك ....

3- صمم ....

4- كلف ....

5- جائزة ....

6- جناح ....

7- ذكرى زواج ....

8- وقت المغادرة ....

9- مشى حول ....

10 - جلب ....

Q213/ According to the same text (Burj Al-Arab), complete the following sentences.

1- فندق برج العرب بعيد عن الشاطئ بِ ....

2- توم رايت هو .... الفندق.

3- كلف البناء لفندق برج العرب ....

4- الجو في دبي في الصيف .... و ....

5- الناس .... الفندق عادة الساعة الثانية عشرة ظهرا.

149

Q214/ You have been selected for a one night staying at Burj Al-Arab hotel, so write an email (50 words) to thank the management and ask some further related questions (information).

السلام عليكم،

شكرا، وأراكم قريبا.

PAST TENSE

FORM ONE

They (p)	You (p)	We	She	He	You (f)	You (m)	I
ذهبوا	ذهبتُم	ذهبنا	ذهبَت	ذهبَ	ذهبتِ	ذهبتَ	ذَهَبتُ
رجعوا	رجعتُم	رجعنا	رجعَت	رجعَ	رجعتِ	رجعتَ	رَجَعتُ
أكلوا	أكلتُم	أكلنا	أكلَت	أكلَ	أكلتِ	أكلتَ	أكَلتُ
شربوا	شربتُم	شربنا	شربَت	شربَ	شربتِ	شربتَ	شَرِبتُ
كتبوا	كتبتُم	كتبنا	كتبَت	كتبَ	كتبتِ	كتبتَ	كَتَبتُ
قرؤوا	قرأتُم	قرأنا	قرأت	قرأ	قرأتِ	قرأتَ	قَرَأتُ
درسوا	درستُم	درسنا	درسَت	درسَ	درستِ	درستَ	دَرَستُ
جلسوا	جلستُم	جلسنا	جلسَت	جلسَ	جلستِ	جلستَ	جَلَستُ
فتحوا	فتحتُم	فتحنا	فتحَت	فتحَ	فتحتِ	فتحتَ	فَتَحتُ
خرجوا	خرجتُم	خرجنا	خرجَت	خرجَ	خرجتِ	خرجتَ	خَرَجتُ
سمعوا	سمعتُم	سمعنا	سمعَت	سمعَ	سمعتِ	سمعتَ	سَمِعتُ
وجدوا	وجدتُم	وجدنا	وجدَت	وجدَ	وجدتِ	وجدتَ	وَجَدتُ
تركوا	تركتُم	تركنا	تركَت	تركَ	تركتِ	تركتَ	تَرَكتُ
عملوا	عملتُم	عملنا	عملَت	عملَ	عملتِ	عملتَ	عَمِلتُ
فعلوا	فعلتُم	فعلنا	فعلَت	فعلَ	فعلتِ	فعلتَ	فَعَلتُ
بدؤوا	بدأتُم	بدأنا	بدأت	بدأ	بدأتِ	بدأتَ	بَدَأتُ
لبسوا	لبستُم	لبسنا	لبسَت	لبسَ	لبستِ	لبستَ	لَبِستُ
سكَنوا	سكنتُم	سكنّا	سكنَت	سكنَ	سكنتِ	سكنتَ	سَكَنتُ
عرفوا	عرفتُم	عرفنا	عرفت	عرفَ	عرفتِ	عرفتَ	عَرَفتُ
سألوا	سألتُم	سألنا	سألَت	سألَ	سألتِ	سألتَ	سَألتُ

PRESENT TENSE

FORM ONE

They (p)	You (p)	We	She	He	You (f)	You (m)	I
يَذهَبون	تذهَبون	نَذهَب	تَذهَب	يَذهَب	تَذهَبين	تَذهَب	أذهَب
يَرجِعون	تَرجِعون	نَرجِع	تَرجِع	يَرجِع	تَرجِعين	تَرجِع	أرجِع
يَأكُلون	تَأكُلون	نَأكُل	تَأكُل	يَأكُل	تَأكُلين	تَأكُل	آكُل
يَشرَبون	تَشرَبون	نَشرَب	تَشرَب	يَشرَب	تَشرَبين	تَشرَب	أشرَب
يَكتُبون	تَكتُبون	نَكتُب	تَكتُب	يَكتُب	تَكتُبين	تَكتُب	أكتُب
يَقرَؤون	تَقرَؤون	نَقرَأ	تَقرَأ	يَقرَأ	تَقرَئين	تَقرَأ	أقرَأ
يَدرُسون	تَدرُسون	نَدرُس	تَدرُس	يَدرُس	تَدرُسين	تَدرُس	أدرُس
يَجلِسون	تَجلِسون	نَجلِس	تَجلِس	يَجلِس	تَجلِسين	تَجلِس	أجلِس
يَفتَحون	تَفتَحون	نَفتَح	تَفتَح	يَفتَح	تَفتَحين	تَفتَح	أفتَح
يَخرُجون	تَخرُجون	نَخرُج	تَخرُج	يَخرُج	تَخرُجين	تَخرُج	أخرُج
يَسمَعون	تَسمَعون	نَسمَع	تَسمَع	يَسمَع	تَسمَعين	تَسمَع	أسمَع
يَجِدون	تَجِدون	نَجِد	تَجِد	يَجِد	تَجِدين	تَجِد	أجِد
يَترُكون	تَترُكون	نَترُك	تَترُك	يَترُك	تَترُكين	تَترُك	أترُك
يَعمَلون	تَعمَلون	نَعمَل	تَعمَل	يَعمَل	تَعمَلين	تَعمَل	أعمَل
يَفعَلون	تَفعَلون	نَفعَل	تَفعَل	يَفعَل	تَفعَلين	تَفعَل	أفعَل
يَبدَؤون	تَبدَؤون	نَبدَأ	تَبدَأ	يَبدَأ	تَبدَئين	تَبدَأ	أبدَأ
يَلبَسون	تَلبَسون	نَلبَس	تَلبَس	يَلبَس	تَلبَسين	تَلبَس	ألبَس
يَسكُنون	تَسكُنون	نَسكُن	تَسكُن	يَسكُن	تَسكُنين	تَسكُن	أسكُن
يَعرِفون	تَعرِفون	نَعرِف	تَعرِف	يَعرِف	تَعرِفين	تَعرِف	أعرِف
يَسألون	تَسألون	نَسأل	تَسأل	يَسأل	تَسألين	تَسأل	أسأل

Answers

Q/1

1- Sony	2- Bobby
3- Kodak	4- Sam
5- Suzuki	6- Tom
7- Casio	8- Lucy
9- Honda	10- Tony
11- Marriott	12- Sara

Q/2

2- ر + ي + ت + ا	1- م + ا + ز + د + ا
4- ل + و + ر + ا	3- س + ا + ن + ي + و
6- س + ا + ن + د + ي	5- ت + و + ي + و + ت + ا
8- ر + و + ز + ي	7- م + ا + ر + ز
10- ت + ا + ن + ي + ا	9- ف + و + ر + د
12- س + و + ش + ي	11- ك + ا + ن + و + ن

Q/3

I - 2	H - 1
A - 4	J - 3
L - 6	C - 5
E - 8	B - 7
F - 10	K - 9
D - 12	G - 11

Q/4

F - 2	B - 1
C - 4	A - 3
L - 6	I - 5
K - 8	E - 7
D - 10	J - 9
H - 12	G - 11

Q/5

A - 5	B - 11
C - 8	D - 9
E - 1	F - 7
G - 4	H - 3
I - 2	J - 12
K - 6	L - 10

155

Q/6

ARABIC ALPHABET

FINAL	MEDIAL	INITIAL	LETTER
با	با	ا	ا
بب	ببـ	بـ	ب
بت	بتـ	تـ	ت
بث	بثـ	ثـ	ث
بج	بجـ	جـ	ج
بح	بحـ	حـ	ح
بخ	بخـ	خـ	خ
بد	بد	د	د
بذ	بذ	ذ	ذ
بر	بر	ر	ر
بز	بز	ز	ز
بس	بسـ	سـ	س
بش	بشـ	شـ	ش
بص	بصـ	صـ	ص
بض	بضـ	ضـ	ض
بط	بطـ	طـ	ط
بظ	بظـ	ظـ	ظ
بع	بعـ	عـ	ع
بغ	بغـ	غـ	غ
بف	بفـ	فـ	ف
بق	بقـ	قـ	ق
بك	بكـ	كـ	ك
بل	بلـ	لـ	ل
بم	بمـ	مـ	م
بن	بنـ	نـ	ن
به	بهـ	هـ	ه
بو	بو	و	و
بي	بيـ	يـ	ي

Handwritten version

FINAL	MEDIAL	INITIAL	LETTER
ـا...	..ـا.	....ا	ا
ـب.	.ـبـ.	...بـ	ب
ـت.	.ـتـ.	...تـ	ت
ـث.	.ـثـ.	...ثـ	ث
ـج..	.ـجـ	..جـ	ج
ـح..	.ـحـ	..حـ	ح
ـخ..	.ـخـ	..خـ	خ
ـد..	.ـد.	...د	د
ـذ..	.ـذ.	...ذ	ذ
ـر...	.ـر.	....ر	ر
ـز...	.ـز.	....ز	ز
ـس.	ـسـ	.سـ	س
ـش.	ـشـ	.شـ	ش
ـص.	ـصـ	.صـ	ص
ـض.	ـضـ	.ضـ	ض
ـط.	ـطـ	.طـ	ط
ـظ.	ـظـ	.ظـ	ظ
ـع..	.ـعـ.	..عـ	ع
ـغ..	.ـغـ.	..غـ	غ
ـف..	.ـفـ.	..فـ	ف
ـق.	.ـقـ.	..قـ	ق
ـك.	.ـكـ.	..كـ	ك
ـل..	.ـلـ.	...لـ	ل
ـم.	.ـمـ.	..مـ	م
ـن..	.ـنـ.	...نـ	ن
ـه/ه	ـهـ.	.هـ	ه
ـو..	.ـو.	...و	و
ـي.	.ـيـ.	...يـ	ي

Q/7

1-

Madrid	Bangkok	Los Angles	Sydney
Moscow	San Francisco	Miami	Amsterdam
Leeds	Cannes	Newcastle	Mumbai
Rio	Bordeaux	Dublin	Bonn
Rotterdam	Beirut	Lahore	New York

2-

Tunisia	Paris	Rome	Tokyo
Chicago	Malaysia	Milan	Peru
Sao Paolo	Athens	Afghanistan	Monaco
Tehran	Washington	Ottawa	Istanbul
Geneva	Prague	Singapore	Barcelona

Q/8

هذا ممتاز!

That (this) is excellent!

Q/9

C - 2	E - 1
H - 4	D - 3
A - 6	G - 5
B - 8	F - 7

Q/10

A - 2	C - 1
H - 4	F - 3
E - 6	D - 5
B - 8	G - 7

Q/11

2- دراجة	1- كتاب
4- قلم	3- قطة
6- كرسي	5- صورة
8- مائدة	7- سيارة
10- باب	9- قميص

Q/12

1- هذا بيت.

2- هذه صورة.

3- هذا كلب.

4- هذه سيارة.

5- ما هذا؟ هذا (هو) قلم.

6- ما هذه؟ هذه (هي) جريدة.

7- ما هذه؟ هذه (هي) ساعة.

8- ما هذا؟ هذا (هو) قميص.

Q/13

1- لا، هذا قميص.   2- لا، هذه زجاجة.

3- نعم، هذا شباك.   4- لا، هذه دراجة.

5- نعم، هذا شارع.   6- لا، هي مائدة.

7- نعم، هو تلفون.   8- لا، هي ساعة.

Q/14

1- أنا نادر.

2- أنا لورا.

3- أنا أحمد / دينا. أنا جون / سارا.

4- أنا زيد / نور. أنا توم / سوزان.

Q/15

1- هذا سَلمان، وهذه نور.

2- هذا بَدر، وهذه نادية.

3- هذا مَحمود، وهذه سُعاد.

Q/16

1- هذا أحمَد. هو من ليبيا.

2- هذه سوزان. هي من فرنسا.

3- هو روب. هو من إيطاليا.

4- هي روزي. هي من إنجلتَرا.

Q/17

1- هل عندكَ دراجة؟ — نعم، عندي دراجة.

2- هل عندكِ سيارة؟ — لا، ما عندي سيارة.

3- هل عندكَ قطة؟ — لا، ما عندي قطة، لكِن عندي كلب.

4- هل عندكِ ساعة؟ — نعم، عندي ساعة.

Q/18

1- الوزير

2- الوزيرة

3- الكتاب

4- البيت

5- الولد

6- البنت

7- الكلب

8- الجريدة

Q/19

1- الدراجة	sun letter
2- البيت	moon letter
3- النجار	S
4- الساعة	S
5- القلم	M
6- الكرسي	M
7- الزجاجة	S
8- الدرس	S
9- القميص	M
10- الليمون	S

Q/20

1- نعم، عندي دراجة.

2- لا، ما عندي قطة.

3- نعم، عندي قلم.

4- لا، ما عندي كلب، لكن عندي قطة.

Q/21

1- واحِد

2- اثنان / اثنَين

3- ثلاثة

4- أربعة

5- خمسة

6- ستّة

7- سبعة

8- ثَمانِية

9- تسعة

10- عشرة

Q/22

أب	father
أمّ	mother
أخ	brother
أخت	sister
ابن	son
بنت	daughter
زوج	husband
زوجة	wife

Q/23

1- يوم السبت

2- يوم الأحد

3- يوم الاثنين

4- يوم الثلاثاء

5- يوم الأربعاء

6- يوم الخميس

7- يوم الجمعة

Q/24

1- جميل	beautiful
2- قديم	old
3- مكسور	broken
4- صغير	small
5- أسود	black
6- ثقيل	heavy
7- ضعيف	weak
8- طويل	tall/long
9- بارد	cold
10- رخيص	cheap

Q/25

1- جميل	قبيح	2- قديم	جديد
3- مكسور	سليم	4- صغير	كبير
5- أسود	أبيض	6- طويل	قصير
7- ضعيف	قوي	8- ثقيل	خفيف
9- بارد	حار	10- رخيص	غالٍ

Q/26

1- خاطئة. هذه زجاجة جديدة.
2- صحيحة.
3- خاطئة. هذا قلم سليم.
4- خاطئة. هذه دراجة جديدة.
5- صحيحة.
6- خاطئة. هذه حقيبة ثقيلة.
7- خاطئة. هذا كلب صغير.
8- خاطئة. هذه زجاجة مكسورة.
9- صحيحة.
10- خاطئة. هذا مفتاح قديم.
11- خاطئة. هذه قطة جديدة.
12- خاطئة. هذه ساعة رخيصة.

Q/27

1- دراجة	bicycle
2- مكسور	broken
3- بيت	house
4- مريض	ill
5- بين	between
6- ساعة	watch/clock
7- مهندس	engineer
8- حار	hot
9- هذه	this (f)
10- كلب	dog

Q/28

1- This is a new book and this is an old book.
2- This is a big car and this is a small car.
3- This is a pretty dog and this is an ugly dog.
4- This is a heavy bag and this is a light bag.
5- This is a broken pen and this is a working pen.
6- This is a tall girl and this is a short girl.

Q/29

1- H	2- A
3- I	4- G
5- D	6- J
7- F	8- E
9- C	10- B

Q/30

1-	أنا	(ي)	(كتابي - بيتي ، سيارتي - صورتي)
2-	أنتَ	(كَ)	(كتابكَ - بيتكَ ، سيارتكَ - صورتكَ)
3-	أنتِ	(كِ)	(كتابكِ - بيتكِ ، سيارتكِ - صورتكِ)
4-	هو	(هُ)	(كتابهُ - بيتهُ ، سيارتهُ - صورتهُ)
5-	هي	(ها)	(كتابها - بيتها ، سيارتها - صورتها)
6-	نحن	(نا)	(كتابنا - بيتنا ، سيارتنا - صورتنا)
7-	أنتم	(كُم)	(كتابكم - بيتكم ، سيارتكم - صورتكم)
8-	هم	(هُم)	(كتابهم - بيتهم ، سيّارتهم - صورتهم)

Q/31

1- قلمي على المائدة.

2- ساعتي في البيت.

3- حقيبته بين الكرسي والمائدة.

4- صورتها بجانب الشباك.

5- سيارتنا أمام البيت.

6- بيتهم في شارع (بَغداد).

Q/32

1- مدرِّس	teacher
2- محاسب	accountant
3- مهندس	engineer
4- طبيب	doctor
5- خبّاز	baker
6- نجّار	carpenter
7- موظَّف	employee
8- طالب	student

Q/33

1- دنيا	طبيبة
2- نادر	محاسب
3- بدر	طالب
4- دينا	مهندسة
5- محمود	نجار
6- نور	طالبة
7- زينب	خبازة
8- زيد	مدرس

Q/34

1- ولدان / ولدين

2- قلمان / قلمين

3- ساعتان / ساعتين

4- طالبان / طالبين

5- بنتان / بنتين

6- صورتان / صورتين

7- كتابان / كتابين

8- زجاجتان / زجاجتين

9- سيارتان / سيارتين

10- كلبان / كلبين

Q/35

1- مريض	طبيب
2- مهندس	مكتب
3- طالب	درس
4- أمّ	ابن
5- خباز	مطعم

Q/36

1- I am from Tunisia.
2- Are you (f) tired?
3- The book is on the chair.

Q/37

1- هناك قلم أسود تحت المائدة.

2- عندي سيارة، لكن ما عندي دراجة.

3- هذا أبي أحمد، وهو نجار.

4- حسين مدرس جديد في المدرسة.

5- بيتي قديم، لكن قريب من السوق الكبير.

Q/38

1- الربيع
spring

2- بارد
cold

3- ممطر
rainy

4- الصيف
summer

5- مشمس
sunny

6- مثلج
snowing

7- الشتاء
winter

8- معتدل
moderate

9- الخريف
autumn

10- حار
hot

Q/39

1- نعم، أنا مهندسة.
2 - لا، أنا خباز.
3- لا، أنا طالبة.
4- نعم، أنا محاسب.

Q/40

1- هذا قميص أسود.
2- عندي سيارة رخيصة.
3- في بيتي كرسي قديم.
4- هذه هي المُدَرِّسة الجديدة في المدرسة.
5- عندنا كلب جميل ولطيف.
6- هذا المطعم بعيد.
7- ساعتي الجديدة غالية.
8- الجو اليوم بارد.
9- أخي الكبير مهندس وأختي الصغيرة طالبة.
10- أنا تعبان اليوم.
11- باب الجامعة مشغول اليوم.
12- أمام بيتي شارع طويل.

Q/41

1- السلام عليكم

2- صباح الخير

3- مساء الخير

4- عليكم السلام

5- صباح النور

6- مبروك

7- مساء النور

Hello

Good morning

Good evening

Hello (reply)

Good morning (reply)

Congratulations

Good evening (reply)

Q/42

1- مرحبا / عليكم السلام.
2- صباح النور.
3- مساء النور.
4- شكرا.

Q/43

1-   مرحبا   -   مرحبا
2-   صباح الخير   -   صباح النور
3-   شكرا   -   عفوا
4-   السلام عليكم   -   عليكم السلام
5-   مساء الخير   -   مساء النور
6-   مبروك   -   شكرا
7-   مع السلامة   -   مع السلامة

Q/44

بطاقة شخصية

الاسم: أحمد سلمان
تاريخ الميلاد: 1-1-1990
مكان الميلاد: بيروت/ لبنان
اسم الأب: سلمان علي
اسم الأم: زينب محمود
اسم الزوجة: دينا محمد
الأولاد: 1- نور أحمد
2 - نادر أحمد
3 - سارا أحمد

Q/45

1- أراك
I will see you

2- حفلة
party

3- مبروك
congratulations

4- غدا
tomorrow

5- نجاح
success

6- وصلت
I arrived

Q/46

1- لا، نادر طبيب.

2- هي زوجة زيد.

3- نعم، هو مهندس.

4- دينا أخت زيد، وهي خبازة.

5- لا، هي طالبة.

Q/47

1- أنا نور، وأنا طالبة.

2- هذا أبي بدر، وهو مهندس.

3- هذه أمي زينب، وهي مدرسة.

Q/48

1- مدرسة	school
2- مصنع	factory
3- مستشفى	hospital
4- مصرف (بنك)	bank
5- مكتب	office
6- مكتبة	library/bookshop
7- جامعة	university
8- شركة	company
9- سوق	market
10- مطعم	restaurant

Q/49

1- مدرس	مدرسة
2- محاسبة	بنك
3- طبيب	مستشفى
4- مهندسة	شركة
5- محامية	مكتب
6- نجار	مصنع
7- خباز	مطعم
8- طالبة	جامعة

Q/50

1- سارة ــ مستشفى

2- أحمد ــ مصنع

3- بدر ــ بنك

4- ليلى ــ مكتب

5- زيد ــ مدرسة

6- نادر ــ شركة

Q/51

1- هذا بيت جديد.

C- This is a new house.

2- هذه السيارة قديمة.

B- This car is old.

3- هذا الجبل بعيد.

A- This mountain is far.

4- هذه البِناية الجديدة.

B- This is the new building.

5- هذا بحر جميل.

C- This is a beautiful sea.

Q/52

1- This is a new car.

2- This is the long street.

3- This forest is beautiful.

4- This is a big sea.

5- This building is old.

ب- هذه سيارة جديدة.

ج- هذا الشارع الطويل.

أ- هذه الغابة جميلة.

ب- هذا بحر كبير.

ج- هذه البناية قديمة.

Q/53

1- This building is new.
2- This sea is far.
3- This garden/park is big.
4- This is the old house.
5- This is a beautiful forest.
6- This is the big mountain.
7- This car is old.
8- This is a far street.

Q/54

1- old

2- newspaper

3- nurse

4- above

5- thank you

6- table

7- window

8- school

9- bag / suitcase

10- black

1- قديم

2- جريدة

3- ممرضة

4- فوق

5- شكرا

6- مائدة

7- شباك

8- مدرسة

9- حقيبة

10- أسود

Q/55

1- هناك

1- there (is/ are)

2- ليس هناك

2- there (is/are) no

3- في وسط

3- in the middle

4- بجانب

4- next to

5- أمام

5- in front of

6- وراء

6- behind

7- على يمين

7- to the right

8- على يسار

8- to the left

Q/56

هذِهِ غابة كَبيرة. في وَسَط الغابة هُناكَ بَيت قَديم، وَأَمامَ البَيت هُناكَ سَيَّارة جَديدة. بِجانِب البَيت القَديم هُناكَ شَجَرة كَبيرة. السَّيَّارة الجَديدة بَينَ البَيت القَديم وَالشَّجَرة الكَبيرة. وَراءَ الغابة هُناكَ جَبَل بَعيد. هذا الجَبَل البَعيد كَبير. عَلى يَمين الغابة هُناكَ شارِع طَويل وَجَديد، وَعلى اليَسار هُناكَ بَحر جَميل وَكَبير. لَيس هُناك نَهر في الغابة.

Q/57

1- هناك دراجة صغيرة أمام البيت.

2- عندي قطة، لكن ما عندي كلب / عندي كلب، لكن ما عندي قطة.

3- القلم على المائدة ، والكتاب تحت الكرسي / القلم على الكرسي، والكتاب تحت المائدة.

4- أحمد مهندس في المصنع الجديد.

5- عندي ثلاثة أولاد: محمود وزينب ونادية.

Q/58

1- شرق

1- east

2- جنوب

2- south

3- غرب

3- west

4- شمال

4- north

Q/59

1- تونس شَرق الجزائر.
2- لا، العراق (هو) شَمال السعودية.
3- نعم، الجزائر بين تونس والمغرب.
4- هي شَمال الأردن / هي غَرب العراق.
5- لا، هي بجانب (شَرق) ليبيا.
6- اليمن (هو) جَنوب السعودية.

Q/60

1- شمال شرق

north east

2- شمال غرب

north west

3- جنوب شرق

south east

4- جنوب غرب

south west

Q/61

	M	F
1- لبنان	لبناني	لبنانية
2- العراق	عراقي	عراقية
3- ليبيا	ليبي	ليبية
4- سورية	سوري	سورية
5- المغرب	مغربي	مغربية
6- كندا	كندي	كندية
7- السويد	سويدي	سويدية

Q/62

1- جورج كلوني <u>أمريكي</u>.

2- الأميرة ديانا <u>إنجليزية</u>.

3- ليونيل ميسي <u>أرجنتيني</u>.

4- الملكة إليزابيث <u>بريطانية</u>.

5- نيلسون مانديلا <u>جنوب أفريقي</u>.

Q/63

1- خاطئة. سام طبيب إنجليزي.

2- خاطئة. سوزان محاسبة في البنك الكويتي في سويسرا.

3- صحيحة.

4- خاطئة. لورا ممرضة في مستشفى مغربي.

5- خاطئة. نادية من مصر وهي طالبة في جامعة لندن.

Q/64

<u>Country</u>	<u>Job</u>	<u>Name</u>
فرنسا	ممرضة	1- لورا
إنجلترا	طبيب	2- سام
تونس	مهندس	3- أحمد
أسكتلندا	مدرس	4- توم
ألمانيا	محاسبة	5- سوزان
مصر	طالبة	6- نادية

Q/65

1- The window is broken.

2- Are you (f) an engineer?

3- How is the weather today (What is the weather like today)?

Q/66

1- هذا بيت جديد.

2- عندي سؤال.

3- أمّي مُدَرِّسة.

173

Q/67

1- نادر طالب في المدرسة.

2- هذه سيارة كبيرة.

3- القلم على الكرسي.

4- لندن في جنوب إنجلترا.

5- كيف الجو اليوم في بيروت؟

Q/68

1- عصير - برتقال

2- طالب - درس

3- مريض - مستشفى

4- شارع - سيارة

5- مشمس - جو

6- بيت - باب

7- بيروت - لبنان

8- مهندس - مكتب

9- جوعان - مطعم

10- زجاجة - ماء

Q/69

1- This book is new.
2- Do you have a party this week?
3- The weather today is very cold / It is very cold today.
4- My house is close to the university.
5- Good evening.
6- My sister is a doctor (works) at a hospital.

Q/70

1- هذه سيارة كبيرة.

2- عندي قطتان.

3- أختي ممرضة.

4- أنا من سورية.

5- مبروك!

6- البيت الأبيض في واشنطن.

Q/71

1- نجار	نجارون / نجارين

2- طالبة	طالبات

3- دراجة	دراجات

4- محاسب	محاسبون / محاسبين

5- تلفون	تلفونات

6- ساعة	ساعات

7- ممرضة	ممرضات

8- مهندس	مهندسون / مهندسين

Q/72

1- أبي محاسب

2- هل أنت عطشان؟

3- هذه مكتبة جديدة.

4- بيتي في وسط المدينة.

5- أمي مهندسة.

6- الجو في الصيف حار.

7- المستشفى في هذا الشارع.

8- يوم الخميس عندي درس في الصباح.

9- من فضلك، أين الفندق؟

10- الشباك مكسور.

Q/73

1- Baghdad is in the middle (centre) of Iraq.
2- Is the restaurant close to the school?
3- What is the name of the new (f) student?
4- I have a meeting today in the evening (this evening).
5- The party is on Friday.
6- My friend is an engineer (works) in this factory.

Q/74

1- بيتنا في هذا الشارع.

2- ليست عندي سيارة.

3- أمها محامية.

4- هل هو من لندن؟

5- قلمي مكسور.

6- اليوم أنا مشغول جدا.

Q/75

They (p)	You (p)	We	She	He	You (f)	You (m)	I
ذهبوا	ذهبتُم	ذهبنا	ذهبَت	ذهبَ	ذهبتِ	ذهبتَ	ذَهَبتُ
رجعوا	رجعتُم	رجعنا	رجعَت	رجعَ	رجعتِ	رجعتَ	رَجَعتُ
أكلوا	أكلتُم	أكلنا	أكلَت	أكلَ	أكلتِ	أكلتَ	أكَلتُ
شربوا	شربتُم	شربنا	شربَت	شربَ	شربتِ	شربتَ	شَرِبتُ
كتبوا	كتبتُم	كتبنا	كتبَت	كتبَ	كتبتِ	كتبتَ	كَتَبتُ
قرؤوا	قرأتُم	قرأنا	قرأت	قرأ	قرأتِ	قرأتَ	قَرَأتُ

Q/76

1- أختي محاسبة في البنك.

2- هذا القلم جديد.

3- اليوم ذهبنا إلى المطعم.

4- متى رجعت من السوق؟ مساءا.

5- أين كتبت القصة؟

Q/77

1- البيت بجانب الكافيتيريا .

2- كتبت الواجب مساءا.

3- الجو اليوم ممطر في باريس.

4- أكلنا السمك في السوق.

5- ما قرأت زينب الرسالة في الصباح.

Q/78

1- هذه دراجة قديمة.
2- قرأت الجريدة هذا الصباح.
3- هل أكلت في المطعم اليوم؟
4- ذهبت إلى السينما البارِحة (أمس).
5- صديقي الجديد مصري.

Q/79

1- واحد	الأول / الأولى
2- اثنان / اثنين	الثاني / الثانية
3- ثلاثة	الثالث / الثالثة
4- أربعة	الرابع / الرابعة
5- خمسة	الخامس / الخامسة
6- ستة	السادس / السادسة
7- سبعة	السابع / السابعة
8- ثمانية	الثامن / الثامنة
9- تسعة	التاسع / التاسعة
10- عشرة	العاشر / العاشرة

Q/80

1- أبي مهندس في المصنع.
2- هذه مكتبة جديدة.
3- البارحة أكلنا في المطعم.
4- الطالبة ذهبت إلى السوق يوم السبت.
5- أين الاجتماع؟ في الجامعة.

Q/81

1- أكل سلمان السمك والرز في المطعم.
2- كم مرة شربت دينا قهوة اليوم؟
3- زينب ممرضة جديدة في المستشفى.
4- هل هناك مكتبة قريبة من الجامعة؟
5- ذهبت إلى الاجتماع الساعة التاسعة صباحا.

Q/82

1- لندن في جنوب إنجلترا .
2- البارحة رجعت من المدرسة مشيا.
3- أنا تعبانة اليوم.
4- درست في المكتبة في الصباح.
5- شربنا قهوة مع الحليب.

Q/83

أحمد: مرحبا.	نادر: مرحبا.
أنا أحمد، وأنت؟	أنا نادر.
أهلا وسهلا.	أهلا وسهلا.
من أين أنت؟	أنا من لبنان.... وأنت؟
أنا من المغرب.	
هل أنت من بيروت؟	نعم، أنا من بيروت. وهل أنت من الرباط؟
لا، أنا من مراكش.	
بيروت مدينة جميلة!	نعم، هذا صحيح. هي جميلة لكنها صغيرة. وماذا عن مراكش؟
مراكش مدينة قديمة وجميلة.	هل أنت طالب؟
لا، أنا مهندس في شركة للسيارات. وأنت؟	أنا طالب في جامعة بيروت.
هل هناك جامعة أمريكية في لبنان؟	نعم، هناك جامعة أمريكية في لبنان لكنها غالية جدا.
حظ سعيد.	شكرا.
مع السلامة.	مع السلامة.

Q/84

1- باب البيت	2- كتاب التاريخ
3- مدينة بيروت	4- مطعم الجامعة
5- قلم الطالب	6- عاصمة سورية
7- عصير البرتقال	8- زجاجة ماء
9- صورة المدرسة	10- جريدة اليوم

Q/85

1 - باب المدرسة إضافة
2 - جامعة القاهرة إضافة
3 - البيت الأبيض اسم + صفة
4 - مكتب البريد إضافة
5 - مدينة كبيرة اسم + صفة
6 - جريدة اليوم إضافة
7 - طالب يمني اسم + صفة
8 - عصير برتقال إضافة
9 - بيت الطلاب إضافة
10 - مهندس سيارات إضافة
11 - قصة قديمة اسم + صفة
12 - صديق أخي إضافة + إضافة

Q/86

1- عندي كلب صغير.
2- الجو اليوم مشمس في لندن.
3- أنا مريض قليلا اليوم.
4- أين شربت قهوة اليوم؟
5- ذهبت إلى الفندق البارحة.
6- تركت البيت الساعة الثامنة صباحا.

Q/87

1- Who read the newspaper this evening?

2- I have an appointment with the (my) doctor today at 4pm.

3- We did not read a story at school on Wednesday.

4- Where did you (pl) write (do) the (your) homework?

5- Did you eat (have) chicken at the restaurant?

Q/88

1- عندي أختان.
2- شربت عصير برتقال في الفطور.
3- أبي طبيب.
4- أين كتبت الواجب؟
5- أيّ (أيّة) جريدة قرأتم البارحة؟

Q/89

1- زيد عامل في المطعم.

2- هذه مدرسة صغيرة.

3- السيارة بجانب البيت.

4- رجعت من المدرسة بالسيارة.

5- كيف الجو اليوم في تونس؟

Q/90

1- ما عندي أخ، لكن أخت.

2- شربنا قهوة بلا حليب.

3- نور مريضة اليوم وما ذهبت إلى الجامعة.

4- الخبازون أكلوا السمك في مطعم جديد.

5- عندي كلبان: أبيض وأسود.

Q/91

1- عندي امتحان يوم الخميس.

2- من أين الموظفة الجديدة؟ هي من لبنان.

3- هل أنتم مشغولون اليوم.

4- شربت عصير الليمون اليوم صباحا.

5- متى ذهبت إلى الفندق؟ البارحة.

Q/92

1- Nadir is an accountant (works) at the bank.

2- Today, I have a class at 5pm.

3- How did you come back home on Saturday?

4- I have a bicycle, but I do not have a car.

5- I studied Arabic at the University of London.

Q/93

1- كيف رجعت سوزان من الحفلة؟ مشيا.

2- الجو بارد في أوروبا في الشتاء.

3- من كتب القصة؟

4- عندي درس الساعة الواحدة ظهرا.

5- ماذا قرأتم في القطار؟

Q/94

أحمد

أنا أحمد نادر وأنا محاسب في بنك. وهذه زوجتي زينب، وهي مهندسة في مصنع. بيتي في وسط مدينة تونس. البارحة مساءا، ذهبت مع زينب إلى مطعم لبناني وأكلنا العشاء. أكلت الدجاج والرز وشربت عصير تفاح، وأكلت زينب السمك والسلطة وشربت زجاجة كولا. بعد ذلك، رجعنا إلى البيت بالقطار.

Q/95

1- The broken watch is on the small table.

2- I have a big party at my friend's house today.

3- We did not drink (have) coffee in the hotel yesterday.

4- My mother is an engineer in a new Arabic company.

5- Where did you live last year?

Q/96

البارحة

البارحة خرجت من البيت الساعة التاسعة صباحا، وذهبت إلى المكتب بالباص. ذهبت إلى مطعم عربي الساعة الواحدة بعد الظهر مشيا. أكلت السمك والرز والسلطة، وشربت زجاجة كولا. رجعت إلى المكتب الساعة الثانية بعد الظهر. تركت المكتب الساعة السادسة مساءا، ورجعت إلى البيت بالتاكسي.

Q/97

1- هناك كلب صغير أمام البيت القديم.

2- أنا من الأردن، لكن زوجتي من الجزائر.

3- خرجت من البيت الساعة العاشرة صباحا.

4- ماذا اشتريت من مدينة القاهرة؟

5- درس حسن في المكتبة اليوم الساعة الثامنة مساءا.

Q/98

1- Ahmed went to the hospital in the afternoon.

2- Zaineb came back from the market on foot.

3- Zaid drank (had) grape juice at the restaurant.

4- Noor ate (had) rice with meet.

5- Nadir read the new article.

6- Dina wrote (did) her homework at the library.

Q/99

1- The Syrian foreign minister visits Iran next Thursday.

2- An important meeting between Obama and Putin in Moscow tomorrow.

3- The Egyptian president sends a congratulating letter to the Moroccan king on (the occasion of) the National Day.

Q/100

1- متى رجع أحمد من البنك؟

2- ماذا شربت دينا في الفطور؟

3- أين أكل محمد السمك ؟

4- هل كتبت فاطمة القصة؟

5- كيف رجع نادر من السوق؟

6- بكم اشترت ليلى القميص؟

7- أيّ (أيّة) جريدة قرأ زيد اليوم؟

8- ماذا درست فاطمة في الجامعة؟

Q/101

أحمد سلمان

أنا أحمد سلمان من لبنان، من مدينة بيروت. بيتي في شمال بيروت. أنا مهندس في شركة للسيارات، وزوجتي أستاذة في جامعة بيروت. عندنا بنت اسمها زينب، وهي طالبة في المدرسة. بيروت مدينة جميلة وصغيرة. أمس خرجت من بيتي صباحا، وذهبت إلى المكتب بالباص رقم عشرة. بعد الظهر، ذهبت إلى مطعم تركي، وأكلت الرز والكباب وشربت عصير تفاح. بعد ذلك، رجعت إلى البيت.

Q/102

1- هل　　　　　　　is/are (yes/no question)

2- أين　　　　　　　where

3- كيف　　　　　　　how

4- ما / ماذا　　　　　what

5- متى　　　　　　　when / what time

6- أيّ　　　　　　　which

7- من　　　　　　　who

Q/103

1- هل قرأت الجريدة اليوم؟　　　　نعم، قرأت الجريدة اليوم.

2- من أين رجعتم يوم الخميس؟　　　يوم الخميس رجعنا من السوق.

3- كيف سافرتم إلى برشلونة؟　　　سافرنا إلى برشلونة بالطائرة.

4- ماذا فعلتِ في الصيف الماضي؟　　في الصيف الماضي درست العربية في عمّان.

5- متى اشتريت هذا الكتاب؟　　　اشتريت هذا الكتاب الأسبوع الماضي.

6- في أيّة جامعة درستم التاريخ؟　　درسنا التاريخ في جامعة لندن.

7- مَن نجح في اِمتِحان العربية؟　　كُلّنا نجحنا في امتحان العربية!

Q/104

1- لندن <u>عاصمة</u> إنجلترا.

2- البارحة رجعت <u>من</u> المدرسة مشيا.

3- أبي <u>مريض</u> اليوم.

4- نأكل <u>الفطور</u> الساعة الثامنة صباحا.

5- شربنا القهوة <u>مع</u> الحليب.

Q/105

1- صحيحة.

2- خاطئة. أحمد مهندس في شركة للسيارات.

3- صحيحة.

4- خاطئة. خرج أحمد من البيت صباحا.

5- خاطئة. شرب أحمد عصير التفاح في المطعم.

Q/106

صديقي سام

اسم صديقي سام، وهو من أُستراليا من مدينة سدني، وعمره اثنان وعشرون (22) سنة. أمس ذهب إلى العمل، ورجع إلى البيت بالقطار. أكل سام الدجاج والسلطة في الغداء في مطعم تُركي. شرب سام قهوة في الجامعة، وكتب الواجب في مكتبة الجامعة. قرأ سام قصة اليوم، وهو تعبان جدا اليوم.

صديقتي لارا

صديقتي اسمها لارا، وهي من إيطاليا من مدينة ميلان، وعمرها واحد وعشرون (21) سنة. البارحة ذهبت لارا إلى السوق، ورجعت إلى البيت بالتاكسي. أكلت لارا السمك والسلطة في الغداء في مطعم لبناني. ما شربت لارا قهوة، لكن شربت الشاي في الكافيتيريا، وكتبت الواجب في البيت. قرأت لارا الجريدة اليوم، وهي تعبانة قليلا اليوم.

Q/107

They (p)	You (p)	We	She	He	You (f)	You (m)	I
يَذهَبون	تَذهَبون	نَذهَب	تَذهَب	يَذهَب	تَذهَبين	تَذهَب	أذهَب
يَدرُسون	تَدرُسون	نَدرُس	تَدرُس	يَدرُس	تَدرُسين	تَدرُس	أدرُس
يَعمَلون	تَعمَلون	نَعمَل	تَعمَل	يَعمَل	تَعمَلين	تَعمَل	أعمَل
يَسكُنون	تَسكُنون	نَسكُن	تَسكُن	يَسكُن	تَسكُنين	تَسكُن	أسكُن
يَعرِفون	تَعرِفون	نَعرِف	تَعرِف	يَعرِف	تَعرِفين	تَعرِف	أعرِف
يَسمَعون	تَسمَعون	نَسمَع	تَسمَع	يَسمَع	تَسمَعين	تَسمَع	أسمَع

Q/108

1- أخي طبيب يعمل في مستشفى.

2- مدرستي في الشارع الثاني.

3- نسكن في بيت صغير.

4- في كل صيف نذهب إلى روما.

5- الطلاب يدرسون في المكتبة.

184

Q/109

1- How much is this book for, please?
2- Leila drinks milk every morning.
3- My husband is a carpenter works in a factory near by our house.
4- Is the mathematics exam this week?
5- There is a big party on Friday at the students' house (hall).

Q/110

1- يأكل علي في هذا المطعم كل أسبوع.

2- كم مرة ذهبتم إلى السوق هذا الشهر؟

3- زينب محاسبة جديدة في شركة السيارات.

4- هل هناك مستشفى قريب من المدرسة؟

5- أقرأ الجريدة في القطار في الصباح.

Q/111

1- يذهب (أحمد) إلى الجامعة كل يوم.

2- ترجع (زينب) إلى البيت بالباص.

3- يدرس (أحمد) القانون.

4- تسكن (زينب) في لندن.

5- يأكل (أحمد) السمك والسلطة في العشاء.

6- تشرب (زينب) الشاي مرتين في اليوم.

7- يكتب (أحمد) الواجب في المساء.

8- تقرأ (زينب) جريدة (الشرق الأوسط).

Q/112

1- أنا طالب وأدرس التاريخ في جامعة القاهرة.

2- نذهب إلى السوق أحيانا مشيا.

3- هل تعمل/تعملين في هذه الشركة الجديدة؟

4- ألعب كرة القدم كل أسبوع.

5- صديقي يغسل سيارته عادة يوم الأحد.

Q/113

1- نشتري الفواكه من السوق.

2- صديقي يسبح في البحر في الصيف.

3- القاهرة عاصمة مصر.

4- آسف، أنا متأخر.

5- هل تعرفين أين الحفلة؟

Q/114

1- الصيف	2 - شارع	3- طالب
4- خبز	5- يأكل	6- السبت
7- قلم	8- إلى	9- بطاطا
10- مكسور	11- أم	12- حديقة
13- عفوا	14- مشيا	15- السيارة

Q/115

1- We write (do) our homework in the evening.
2- This bank does not open on Saturdays.
3- Do you (pl) have a meeting on Thursday?
4- I live with my brother in the same house.
5- My mother does not drink tea with milk.

Q/116

Yes, you are right! They are already written in the correct order.

1- دائما

always

2- غالبا

often

3- عادة

usually

4- أحيانا

sometimes

5- نادرا

rarely

6- أبدا

never

Q/117

حياتي اليومية

مرحبا، أنا زيد وأنا محاسب في بنك عربي. كل يوم أترك البيت الساعة الثامنة صباحا، وأذهب إلى العمل عادة بالباص، ولكن أحيانا أذهب بالقطار. دائما أعمل حتى الساعة الواحدة ظهرا، ثم آكل الغداء الساعة الواحدة. عادة آكل بيتزا، ولكن أحيانا آكل ساندويج الدجاج أو السمك. لا أشرب القهوة أبدا بعد الغداء. في الساعة السادسة مساءا أرجع إلى البيت عادة مع صديقي أحمد بسيارته القديمة. عادة آكل العشاء في البيت الساعة التاسعة، ولكن أحيانا أخرج إلى وسط المدينة مع زوجتي وأولادي، ونأكل في مطعم لبناني أو فرنسي، ونرجع إلى البيت بالتاكسي.

Q/118

1- نور تشرب قهوة مرتين كل يوم.
2- النجارون يأكلون الغداء في المصنع.
3- بيتي (هو) الخامس في هذا الشارع.
4- هل هناك سوق قريب من المدرسة؟
5- الطلاب يدرسون الكيمياء يوم الأربعاء صباحا.

Q/119

1- هل الجو اليوم غائم في مدينة سدني؟
2- يشرب أحمد قهوة في الفطور عادة.
3- هذه الأستاذة تعمل في جامعة سودانية.
4- ليس هناك قلم على المائدة.
5- عندي أخ واحد، لكن ما عندي أخت.
6- كيف سمعت عن الحفلة؟

Q/120

1- ولد	أولاد
2- سوق	أسواق
3- نهر	أنهار
4- لون	ألوان
5- عمّ	أعمام

1- درس	دروس
2- سيف	سيوف
3- جيش	جيوش
4- قلب	قلوب
5- صفّ	صفوف

Q/121

1- Is the weather (it) snowing today in Moscow?
2- Children drink milk every morning.
3- My wife is a nurse works at a hospital.
4- Do you know where your friend lives?
5- There is a meeting with the engineers on Wednesday.

Q/122

1- بحر	بحار
2- جمل	جمال
3- كلب	كلاب
4- جبل	جبال
5- تل	تلال

1- تحفة	تحف
2- لعبة	لعب
3- غرفة	غرف
4- علبة	علب
5- دولة	دول

Q/123

1-	12	اثنا عشر
2-	17	سبعة عشر
3-	19	تسعة عشر
4-	21	واحد وعشرون
5-	34	أربعة وثلاثون
6-	56	ستة وخمسون
7-	89	تسعة وثمانون
8-	103	مئة وثلاثة
9-	367	ثلاثمئة وسبعة وستون
10-	1987	ألف وتسعمئة وسبعة وثمانون

Q/124

1-	خباز	خبازون / خبازين
2-	بيت	بيوت
3-	ولد	أولاد
4-	طالب	طلاب
5-	بنت	بنات
6-	ملك	ملوك
7-	مهندسة	مهندسات
8-	وزير	وزراء
9-	أستاذ	أساتذة
10-	مدينة	مدن

Q/125

1- أذهب إلى البنك (عادة) يوم الخميس.

2- متى ترجع من السوق (عادة)؟

3- أين تشربين الشاي في الصباح؟

4- يأكل أحمد في السوق (غالبا).

5- تقرأ نور الجريدة في القطار (عادة).

6- نكتب الواجب مساءا (دائما).

7- أين تدرسون اللغة العربية؟

8- الطلاب يسكنون في هذا البيت (هذه السنة).

Q/126

1- رجعت من العمل بالدراجة.

2- متى ذهبتَ إلى المسرح؟

3- ماذا شربتِ في المساء؟

4- أكل الخباز الغداء في المخبز.

5- قرأت البنت قصة هذا الشهر.

6- ما كتبنا التقرير يوم الجمعة.

7- متى خرجتم من الجامعة اليوم؟

Q/127

1- أين ستكتب الواجب اليوم (غدا)؟

2- أيّ (أيّة) جريدة ستقرأيين هذا الصباح؟

3- سيذهب أخي إلى اليابان في الصيف (القادِم) .

4- سترجع أمي من باريس يوم الخميس.

5- سنأكل الفطور في الفندق.

6- ماذا ستشترون من السوق اليوم؟

Q/128

1- هذه بناية عالية.

2- متى تركتم الجامعة اليوم؟

3- أين سمعت عن الحفلة؟

4- لا أدرس في المكتبة في المساء.

5- لا يفتح بنك دبي في لندن يوم الأحد.

6- الجو عادة جميل ومشمس في الربيع.

7- من درس في البيت اليوم؟

8- ماذا فعلتم في الصيف؟

9- عندي قطة جميلة، اسمها نونو.

10- غدا لن أذهب إلى السوق.

11- 123

12- سندرس اللغة الفرنسية العام القادم.

Q/129

1- هذا الكلب الجميل ليس لي.

2- من أين رجعت البارحة (أمس) مساءا؟

3- زوجته خبازة تعمل في مطعم تركي.

4- عندي موعد مع طبيب الأسنان اليوم بعد الظهر.

5- متى تترك / تتركين العمل عادة؟

Q/130

1- أنا تعبان جدا ولن أذهب إلى السوق.

2- الأستاذ مريض اليوم وليس هناك درس.

3- بيتي صغير جدا، لكن قريب من الجامعة.

4- أبي لا يأكل اللحم، لأنه نباتي.

5- لا أشتري الجريدة، لكن أعرف الأخبار من الإنترنت.

Q/131

1-	أبيض	white
2-	أسود	black
3-	أخضر	green
4-	أزرق	blue
5-	أصفر	yellow
6-	أحمر	red

Q/132

1-	أسود	سوداء
2-	أخضر	خضراء
3-	أزرق	زرقاء
4-	أصفر	صفراء
5-	أحمر	حمراء

Q/133

سارة

أنا سارة من المغرب. أنا طالبة في جامعة لندن، وأدرس القانون. جامعة لندن كبيرة جدا، والجو في لندن بارد وممطر غالبا. البارحة خرجت من البيت الساعة التاسعة صباحا، وذهبت إلى المكتبة بالدراجة. ذهبت إلى مطعم عربي الساعة الواحدة بعد الظهر مشيا. المطعم جديد وقريب من الجامعة. أكلت الدجاج والرز والسلطة، وشربت عصير برتقال. رجعت إلى المكتبة الساعة الثالثة بعد الظهر، وقرأت قصة. تركت المكتبة الساعة السادسة، ورجعت إلى البيت بالقطار. في المساء كتبت الواجب، وكتبت رسالة إلى أمي في المغرب. بعد ذلك، قرأت الجريدة وجلست أمام التلفزيون. اليوم عندي درس الساعة الواحدة ظهرا.

Q/134

1- ماذا تفعل/ فعلت يوم السبت يا أحمد؟

2- صديقي لا يعمل في نهاية الأسبوع.

3- تفتح المكتبة الساعة التاسعة صباحا كل يوم.

4- لا أحب أن أسكن في هذا البيت.

5- يسأل الطلاب الأستاذ عادة عن الكلمات الجديدة.

6- متى تركتم / ستتركون المدرسة اليوم، يا أولاد؟

7- من هرب من درس العربية!

8- في الصيف القادم، سنأخذ عطلة في روما ونرجع بعد أسبوعين.

9- هل لبستِ الفستان الجديد في الحفلة البارحة؟

10- أختي تلعب الكرة الطائرة كل أسبوع.

11- أنا وأصدقائي درسنا العربية الصيف الماضي.

12- لا أعرف اسم الأستاذة الجديدة!

Q/135

1- تعمل محاسبة في بنك.

2- يذهب إلى المطعم مشيا.

3- يوم الجمعة ظهرا.

4- في مطعم هندي.

5- نادية تأكل الرز في المطعم.

Q/136

أحمد وزينب

هذا أحمد نادر وهو محاسب في البنك العربي. وهذه زوجته زينب وهي مهندسة في مصنع جديد. بيت أحمد في جنوب مدينة القاهرة. يوم الجمعة الماضي ذهب أحمد مع زينب إلى السوق في وسط المدينة. أحمد اشترى قميصا جميلا بتسعين جنيها وحذاءا أسود، وزينب اشترت حقيبة بيضاء بمئة جنيه وفستانا جميلا. بعد ذلك، رجع أحمد وزينب إلى البيت بالقطار.

Q/137

1- أستمع إلى الراديو عادة في الصباح.

2- تتكلم أختي ثلاث لغات.

3- لا نعرف متى الامتحان!

4- أين يسكن ابنك؟

5- سنسافر إلى الشرق الأوسط هذا الصيف.

Q/138

1- ما عندي درس اليوم، لكن ذهبت إلى الجامعة.

2- أكلنا العشاء في مطعم بجانب المدرسة.

3- رجعت إلى البيت البارحة مساءا بالسيارة.

4- أمي مهندسة في مصنع كبير.

5- من سمع عن الحفلة يوم الخميس.

6- أكتب الواجب عادة في نهاية الأسبوع.

Q/139

1- الأسبوع الماضي <u>سافرنا</u> إلى مدريد.

2- اليوم أنا مشغول! عندي عمل من الصباح <u>حتى</u> المساء.

3- لن <u>نقرأ</u> الجريدة غدا.

4- <u>ليست</u> هناك سيارات في الشارع.

5- <u>ماذا</u> فعلتم في الصيف؟

6- الجو في لندن <u>عادة</u> ممطر في الشتاء.

Q/140

كمال ونور

كمال مهندس في مصنع، وزوجته نور <u>أستاذة</u> في الجامعة. لكمال ونور ثلاثة <u>أولاد</u>: زيد وفاطمة وعلي. زيد طالب في الجامعة، وفاطمة وعلي <u>تلميذان</u> في المدرسة. كل يوم <u>تخرج</u> الأسرة الساعة <u>الثامنة</u> صباحا، ويذهب الأب والأم إلى <u>العمل</u> بالباص، ويذهب زيد إلى الجامعة بالدراجة، وفاطمة وعلي إلى المدرسة <u>مشيا</u>. ترجع الأسرة إلى البيت مساءا، <u>وتشاهد</u> التلفزيون قليلا بعد العشاء.

Q/141

1- Ahmed washes his car every week.

2- The library is in the first building in this street.

3- Who knows how to memorise new vocabulary?

4- I live in the north of the city, where I work in a small factory.

5- We do not like cold weather in winter.

Q/142

1- الساعة التاسعة صباحا.

2- البنك في شارع النيل.

3- ثمانية/عشرة محاسبين.

4- ذهبت إلى المستشفى.

5- في بيت زينب. يوم الجمعة.

Q/143

1- نلعب كرة السلة كل يوم أحد.

2- يدرِّس عمي التاريخ في الجامعة.

3- سأدرس العربية في الشرق الأوسط هذا الصيف.

4- متى اشتريت سيارتك الجديدة؟

5- أعمل أربعة أيام فقط في الأسبوع.

Q/144

1- في الصيف أسكن في بيت جدي.

2- الأسواق في لندن غالية.

3- نأكل العشاء الساعة الثامنة مساءا.

4- لن نذهب إلى الحفلة غدا.

5- أعرف هذه الطالبة، لكن لا أتذكر اسمها.

Q/145

1- The Red sea is in the east of Egypt.

2- I watch TV usually in the evening.

3- We will study a lot in the library this week.

4- What is the temperature today in Yemen?

5- I like coffee, but I prefer tea.

Q/146

1- بيتي بعيد عن الجامعة   -   آخذ القطار كل يوم

2- هذا المطعم غال جدا   -   سآكل في البيت

3- عندي امتحان اليوم   -   ما ذهبت إلى الحفلة أمس

4- أنا مريض اليوم   -   سأذهب إلى المستشفى

5- أنا تعبانة اليوم   -   عندي دروس في الصباح وبعد الظهر

Q/147

1- عندي <u>أخت</u> واحدة.

2- <u>متى</u> رجعت من السوق؟ مساءا.

3- هل سمعت <u>عن</u> الاجتماع؟

4- لا <u>أعرف</u> هذه المكتبة!

5- نأخذ عطلة <u>كل</u> سنة.

6- الجو غالبا حار في <u>الصيف.</u>

7- <u>من</u> كسر الزجاجة؟

8- <u>نشتري</u> السمك من السوق.

9- كم <u>مرة</u> تشربين قهوة كل يوم؟

10- أكلنا في مطعم جديد، <u>اسمه</u> (علي بابا).

11- عندما ذهبت إلى القاهرة <u>نزلت</u> في فندق.

12- من يسكن في هذا <u>البيت؟</u>

13- <u>نلعب</u> كرة القدم كل أسبوع.

14- هذا الفندق جميل، لكن <u>بعيد.</u>

15- كل يوم <u>اثنين</u> ندرس في المكتبة.

Q/148

1- كثيرا / جدا

2- في / إلى

3- يذهب / يذهبون

4- كل اليوم / كل يوم

5- تقدم / يقدم

196

Q/149

جامعتي

أنا طالب في جامعة لندن. هي جامعة كبيرة في وسط مدينة لندن. أدرس الجغرافية، وأنا في السنة الثالثة. أسكن في بيت قريب من الجامعة مع أصدقائي، ونذهب عادة إلى الجامعة مشيا. عندي دروس أيام الاثنين والثلاثاء والخميس، لكن أذهب إلى الجامعة كل يوم، وأدرس في المكتبة. أدرس اللغة العربية أيضا في الجامعة يوم الخميس ظهرا. مدرسي اسمه محمد عبدالله، وهو من الجزائر. هو مدرس ممتاز، ورجل طيب أيضا. أحب جامعتي كثيرا.

Q/150

1- هو سوداني/ من السودان.

2- أحمد مهندس في شركة للسيارات.

3- في فندق صغير في وسط المدينة.

4- لا، سعيد اشترى فستانا لبنته / أحمد اشترى ساعة ثمينة.

5- ذهب أحمد وسعيد في اليوم الثاني إلى المسرح.

Q/151

مطعم الأهرامات

مطعم الأهرامات في مدينة القاهرة في مصر. هو مطعم جميل وكبير، لكنه غال جدا. عندما يذهب السياح إلى مدينة القاهرة، عادة يزورون هذا المطعم، ويأكلون ويشربون فيه، لأن الطعام شهي، والمطعم جميل وقريب جدا من كل المحلات أيضا. الناس في مصر يذهبون إلى هذا المطعم أيضا غالبا يوم الخميس أو الجمعة. يفتح المطعم كل يوم من الساعة العاشرة صباحا حتى الساعة الثانية عشرة ليلا، ويقدم كثيرا من الأكلات والمشروبات المصرية المعروفة مثل الفلافل المصرية والكشري والشاي والقهوة. عندي صديق اسمه أحمد. هو طالب من مدينة القاهرة، ويذهب إلى هذا المطعم الجميل عادة مرة كل شهر.

Q/152

1- أشاهد التلفزيون عادة في المساء.

2- صديقي الجديد يعمل في شركة مشهورة.

3- نلعب كرة القدم كل يوم سبت ظهرا.

Q/153

1- سافرت في الصيف الماضي إلى كندا.

2- في مراكش أسواق قديمة.

3- أين سمعتم عن الامتحان؟

4- لن نشرب خمرا في المساء غدا.

5- أكلت العشاء الساعة العاشرة مساءا.

6- يا أولاد، ماذا تدرسون يوم الخميس؟

7- في السنة اثنا عشر شهرا.

8- لا أحب فصل الشتاء، لأني لا أحب البرد.

9- عادة تشاهد أختي التلفزيون في المساء.

10- لا نتذكر اسم الأستاذة الجديدة.

Q/154

1- لا، هو مغربي.

2- تذهب ليلى إلى العمل بالسيارة.

3- ترجع الأسرة الساعة الثالثة ظهرا.

4- يقرأ نادر الجريدة في المساء.

5- ستذهب الأسرة إلى تركيا في الصيف.

Q/155

أحمد عبدالله

أنا أحمد عبدالله. وأنا طالب في جامعة عمّان، وأدرس التاريخ. أنا في السنة الثانية، وعمري 20 سنة . أسكن في مدينة عمان في منطقة (جبل عمان) في بيت صغير. عندي أسرة صغيرة، هي أبي وأمي وأخي نادر وأختي سارا. أبي مهندس في شركة كبيرة، وأمي ممرضة في مستشفى قريب من البيت. بيتي قريب من الجامعة، وعادة أذهب إلى الجامعة بالباص، ولكن أحيانا أذهب بالسيارة مع أبي. أخي نادر عمره 15 سنة، وهو طالب في مدرسة بريطانية. مدرسته قريبة من البيت، ويذهب إليها عادة بالدراجة. أختي سارا عمرها 8 سنوات، وهي طالبة أيضا. مدرستها قريبة من البيت، وتذهب إليها عادة مشيا. في المساء نرجع إلى البيت، ثم نأكل العشاء الساعة التاسعة. بعد ذلك، أكتب الواجب عادة أو أقرأ الجريدة. أحب أسرتي كثيرا.

Q/156

1- هو محاسب في بنك.

2- بين الساعة الواحدة والساعة الثانية ظهرا.

3- لا، لا يشرب القهوة أبدا بعد الغداء.

4- مع زميله أحمد بسيارته القديمة.

5- في مطعم لبناني أو إيطالي.

6- لا نعرف (غَير مَذكور)!

7- يشرب زجاجة كولا.

8- تأكل التبولة وبابا غنوج مع السمك المشوي.

9- يشربون عصير البرتقال أو التفاح أو الكولا.

10- ترجع بالتاكسي.

11- لا، هي أسرة صغيرة.

12- نعم، هي أسرة سعيدة.

Q/157

1- خاطئة. هي بعيدة عن البحر.

2- خاطئة. سامي يدرس الاقتصاد.

3- خاطئة. بيت سامي في شرق المدينة.

4- خاطئة. في اليوم الثاني.

5- صحيحة.

Q/158

1- قليلا

A- A bit

2- ابن عمّ

C- cousin

3- الماضية

C- last

4- قلت

B- I said

5- جزيلا

A- very much

Q/159

1- أشرب قليلا من القهوة كل يوم.

2- ذهبت إلى السوق مع ابن عمي زيد.

3- قرأنا هذا الكتاب في الدرس الماضي.

4- قلت لك: الحفلة يوم السبت!

5- شكرا جزيلا، يا أحمد!

Q/160

1- خرجوا إلى وسط المدينة صباحا، وحضروا حفلة موسيقية.

2- إلى مطعم لبناني معروف.

3- بعشرة دولارات.

4- اشترى خاتما ذهبيا لأمه ولعبة صغيرة لأخته.

5- لأن الجو كان جميلا، والفندق كان قريبا.

Q/161

1- وصل

C- to arrive

2- حضر

A- to attend

3- الوطني

A- national

4- شاهد

B- to see

5- تحف فنية

C- artefacts

6- حريري

B- silk / silky

7- لعبة

A- toy

Q/162

1- وصل الطالب إلى المدرسة الساعة التاسعة صباحا.

2- حضرت الاجتماع يوم الاثنين.

3- هل شاهدت هذا الفلم؟

4- أمي اشترت هذه اللعبة لي قبل عشر سنوات.

Q/163

1- يدرس الهندسة، وهو في السنة الثالثة.

2- تعمل موظفة في مصنع للملابس.

3- عمره 15 سنة.

4- سلمى أخت نادر، وتدرس (هي طالبة) في مدرسة ابتدائية.

5- تذهب مشيا.

Q/164

1- عمر

B- age

2- منطقة

C- area

3- موظفة

B- employee

4- ثانوية

B- secondary

5- ابتدائية

A- primary

Q/165

1- عمري اثنان وعشرون سنة.

2- سكنت في هذه المنطقة السنة الماضية.

3- صديقتي موظفة في هذه الشركة الكبيرة.

4- أخي طالب في المدرسة الثانوية.

5- بنتي طالبة في المدرسة الابتدائية.

Q/166

1- نزلت في فندق صغير في وسط المدينة.

2- كان الجو حارا ومشمسا في تونس.

3- ذهبت إلى البحر وأخذت رحلة قصيرة بالقارب.

4- التذكرة بعشرة جنيهات تقريبا.

5- يشترون الملابس والأطعمة وغيرها.

6- اشترت سارا من السوق فستانا عربيا وقميصا أزرق.

6- ذهبت بالتاكسي.

7- كانت الرحلة ممتعة جدا.

Q/167

1- رحلة

B- trip

2- نزل

C- to stay

3- أخذ

A- to take

4- زرنا

A- we visited

5- السياح

B- tourists

6- سعر

C- price

7- تقريبا

A- more or less

8- يبيع

C- to sell

9- الأخير

C- last

10- ممتع

B- interesting

Q/168

1- هل تعرف متى الرحلة القادمة؟

2- عادة أنزل في فندق صغير.

3- من أين أخذت هذه الجريدة؟

4- نزور جَدّي وجَدّتي كل أسبوع.

5- السياح عادة يذهبون إلى بلد جديد كل سنة.

6- ما سعر هذا الكتاب، من فضلك؟

7- الساعة الآن الحادية عشرة تقريبا.

8- سأبيع سيارتي وأشتري سيارة جديدة.

9- أسكن في البيت الأخير في هذا الشارع.

10- هذه القصة ممتعة جدا.

Q/169

رحلتي إلى برشلونة

السنة الماضية ذهبت مع أسرتي إلى مدينة برشلونة في إسبانيا. هي مدينة جميلة جدا في شمال شرق إسبانيا، وتقع على البحر. نزلنا في فندق جديد في وسط المدينة وقريب من البحر. في اليوم الثاني أكلنا الفطور في الفندق، وذهبنا إلى البحر مشيا. في المساء، أكلنا العشاء في مطعم كبير. أكلنا الطعام الإسباني مثل التاباس والبايا، واشترينا هدايا جميلة لأصدقائنا. رجعنا بعد أسبوع، وكانت الرحلة جميلة جدا.

Q/170

1- ندرس في <u>كلية</u> الاقتصاد.

2- تركت أمريكا <u>قبل</u> سنتين.

3- أقاربي <u>يسكنون</u> في مدينة القاهرة.

4- سيارتي الجديدة <u>بيضاء</u>.

5- عندي <u>موعد</u> مع الطبيب اليوم بعد الظهر.

6- <u>هذه</u> أسواق كبيرة.

7- <u>132</u>

8- هذا الولد <u>يشعر</u> بالجوع.

9- درجة الحرارة اليوم صفر. الجو اليوم <u>بارد</u>.

10- <u>من فضلك</u>، بكم كيلو التفاح؟

Q/171

1- سنذهب إلى مصر هذا الصيف لندرس التاريخ.

2- مراكش مدينة قديمة وجميلة، ويزورها كثير من السياح كل سنة.

3- هناك محاسبان جديدان في هذا البنك الصغير.

Q/172

يوم سعيد

أنا أحمد نادر وأنا محاسب في بنك. وهذه زوجتي زينب، وهي مهندسة في شركة. ليس عندنا <u>أولاد</u>. غدا ليس عندنا عمل، <u>ولذلك</u> سنذهب بعد الظهر إلى مطعم <u>ياباني</u> للغداء. بعد <u>ذلك</u>، سنذهب إلى السوق لنشتري <u>بعض</u> الفواكه والخضراوات. في المساء سنذهب إلى السينما مع <u>صديقنا</u> اللبناني زيد وزوجته <u>لنشاهد</u> فيلما عربيا جديدا. سيكون يوما <u>سعيدا</u>!

Q/173

1- في طفولتي سكنت في بيت جدي.

2- أسرتي صغيرة، عندي أخ واحد فقط.

3- زوجته تعمل في شركة كبيرة، لذلك تسافر كثيرا.

4- دراجتي القديمة زرقاء.

5- في باريس هناك متاحف جميلة.

6- هؤلاء الرجال مصريون.

7- السنة الماضية التحقت بالجامعة.

8- أنا تعبان جدا، لأني عملت كل الأسبوع.

9- درست اللغة الفرنسية ثم درست اللغة العربية

10- أخي ينزل في فندق عندما يذهب إلى دبي.

Q/174

1- تسكن أسرة ليلى في وسط مدينة القاهرة.

2- يدرس زيد التاريخ المصري القديم في جامعة القاهرة.

3- حمامان، وهما في الطابق الأول والثاني.

4- تذهب إلى السوق أو السينما أو المسرح.

5- لا، لأن الجو فيها حار في الصيف.

Q/175

1- ماذا يعمل محمد؟

2- أين تدرس نادية؟

3- ما اسم القطة؟

4- كيف تذهب ليلى إلى المدرسة؟

5- متى ترجع نادية من الإسكندرية؟

Q/176

1- مزدحم

C- busy

2- خلف

C- behind

3- طابق

B- floor

4- غرفة الجلوس

A- sitting room

5- لأنَّ

B- because

6- نهاية الأسبوع

B- week end

7- أحب

C- I like/love

Q/177

1- شارع أكسفورد في لندن مزدحم دائما.

2- تركت دراجتي خلف المكتبة.

3- أسافر إلى تونس في الصيف، لأن أسرتي تسكن هناك.

4- ماذا ستفعلين في نهاية الأسبوع؟

5- أحب الشاي الأخضر.

Q/178

1- صحيحة.

2- خاطئة. بعض المحلات لا يفتح يوم الجمعة.

3- خاطئة. الناس يشترون الملابس والأطعمة والمشروبات من سوق الحميدية.

4- خاطئة. السلطان عبد الحميد الأول والسلطان عبد الحميد الثاني.

5- خاطئة. لأن الجو حار وجميل في سورية في الصيف.

Q/179

1- يفتح

B- to open

2- بعض

B- some

3- مختلف

B- different

4- غيرها

A- others

5- بنى

C- to build

Q/180

1- المكتبة لن تفتح يوم الخميس القادم.
2- سنزور بعض المتاحف في باريس.
3- الدراسة في الجامعات البريطانية مختلفة عن الجامعات الأمريكية.
4- نقرأ الجرائد العربية والإنجليزية وغيرها.
5- مَن بنى هذا الفندق الجميل؟

Q/181

سوق دبي

في مدينة دبي هناك سوق كبير وجميل اسمه سوق (جميرة). يذهب الناس إلى هذا السوق عادة في كل أيام الأسبوع، وخاصة في نهاية الأسبوع وفي أيام العطل. ويذهبون إليه عادة بالباصات أو السيارات أو القطارات، ولكن بعض الناس يذهبون مشيا، لأن السوق قريب من بيوتهم. كثير من الناس يذهبون إلى هذا السوق ويأكلون ويشربون في المطاعم الكثيرة فيه. هناك مطاعم مختلفة في كل سوق في دبي، مثل المطعم الإيطالي والإسباني والهندي والصيني. أحب مدينة دبي كثيرا، خاصة في الشتاء، لأن الجو فيها حار قليلا ومشمس. سأذهب إلى دبي هذه السنة مع أسرتي، وأزور هذا السوق.

Q/182

1- يذهبون إلى المطعم غالبا يوم الخميس أو يوم الجمعة.

2- لأن الطعام شهي، والمطعم جميل وقريب جدا إلى كل المحلات في سوق (خان الخليلي) أيضا.

3- يأكلون الأكلات المصرية المشهورة مثل الفلافل والكشري.

4- الصورة على المائدة الخاصة (مائدة نجيب محفوظ).

5- يشترون الملابس والتحفيات المصرية والكتب وغيرها.

Q/183

1- أين مطعم نجيب محفوظ في القاهرة؟

2- متى يفتح مطعم نجيب محفوظ؟

3- مَن (هو) صاحب المطعم؟

4- ماذا يشرب الناس في مطعم نجيب محفوظ؟

5- كيف يذهب السياح إلى مطعم نجيب محفوظ أو سوق خان الخليلي؟

Q/184

1- غالٍ

C- expensive

2- يقدم

B- to offer

3- صاحب

B- owner

4- مشهور

A- known

Q/185

1- هذا الفندق غالٍ جدا.

2- تقدم المكتبة الكتب والجرائد والمجلات للناس.

3- صاحب هذه السيارة صديقي أحمد.

4- قَصر (الحَمراء) في مدينة غَرناطة في إسبانيا مشهور جدا.

Q/186

مرحبا، اسمي ساندي وأنا من بريطانيا. سأذهب إلى القاهرة مع صديقتي لارا الأسبوع القادم، وسنزور سوق خان الخليلي يوم الجمعة. سنأكل العشاء في مطعمكم (نجيب محفوظ). سنأكل الكباب والشاورما. من فضلك، أين المطعم في سوق خان الخليلي؟ وأي حلويات مصرية أو عربية تقدمون؟ وهل تقدمون الخمر؟ وبكم طعام العشاء لشخصين؟ نحن نحب الطعام العربي كثيرا. شكرا... ومع السلامة.

Q/187

1- خاطئة. الفلافل المصرية مصنوعة من الفول.

2- خاطئة. لأنها ليست غالية وصحية أيضا.

3- خاطئة. الطلاب عادة يحملون ساندويشات الفلافل إلى المدارس في الحقائب.

4- خاطئة. سافر العرب إلى أمريكا اللاتينية، وسكنوا فيها.

5- خاطئة. هناك مطعم للفلافل في كثير من الشوارع والأسواق في ساوباولو.

6- صحيحة.

Q/188

1- نوع
B- kind

2- مصنوعة
A- made from

3- مشابهة
B- similar

4- صحية
C- healthy

5- مجانا
A- for free

6- وصفة
B- recipe

7- جرّب
A- to try

8- صارت
B- to become

9- عالمي
C- international (popular)

Q/189

1- يحملون

2- ليست غالية

3- مفيد

4- سافر

5- كذلك

Q/190

1- بارد في الليل ومعتدل في النهار.

2- أحمر.

3- في غرب مدينة مراكش.

4- يشترون الملابس والحقائب الجلدية وغيرها، ويأكلون الأطعمة المغربية.

5- بالتاكسي أو بالحنطور.

Q/191

1- خاطئة. أشجار النخيل في مراكش في كل شارع.

2- خاطئة. رئيس وزراء بريطانيا (تشيرتشِل) نزل في فندق (المأمونية).

3- خاطئة. الطجين طعام عربي مشهور في المغرب.

4- خاطئة. عادة يزور السياح أولا سوق (السمارين)، ثم يذهبون إلى جامع (الفنا).

5- صحيحة.

Q/192

1- آثار

B- monuments

2- معتدل

A- moderate

3- تتميز

B- to be distinguished

4- مهم

C- important

5- يريد

B- he wants

Q/193

1- هناك آثار كثيرة في ليبيا.

2- الجو في دبي في الشتاء معتدل.

3- تتميز الحلويات العربية بالسكر الكثير.

4- هذا الدرس مهم جدا.

5- أريد هذا الكتاب، من فضلك!

Q/194

1- أين مكان / تذهب الرحلة القصيرة؟

2- بكم التذكرة للرحلة القصيرة؟

3- متى (ما وقت) الرحلة الطويلة؟

4- ما (هو) الفطور في الرحلة الطويلة؟

5- أي نوع من الخمر تقدمون في الرحلة؟

Q/195

السلام عليكم:

قرأت عن الرحلات النهرية في نهر النيل، وسآخذ مع أصدقائي الرحلة القصيرة في الشهر القادم. سنصل يوم الخميس في بداية الشهر، ونريد الحجز لرحلة يوم السبت. نحن خمسة أشخاص من فرنسا وإسبانيا. أنا أحب الطعام العربي والمصري، ولكن أصدقائي يريدون طعاما إيطاليا. سنشرب الشاي العربي وعصير الفواكه. هل تقدمون الشيشة؟ وهل هناك موسيقى إسبانية في الرحلة؟

شكرا.... ومع السلامة.

Q/196

1- ستذهب الأسرة إلى تاج محل في مدينة (أجرا)، وستزور المتحف الوطني، وترى الآثار الهندية القديمة.

2- سيأكل السمك المقلي مع المكرونة.

3- الأسد من الحيوانات المتوحشة، لكن الجمل من الحيوانات الأليفة.

4- الأم ستذهب (مع الأخت) إلى الأسواق الشعبية، لتشتري بعض الملابس.

5- ربما ستذهب الأسرة في اليوم الرابع إلى مدن هندية أخرى.

6- لأن الجنوب بعيد، والرحلة قصيرة.

Q/197

1- متى ستذهب الأسرة إلى الهند؟

2- لماذا لا يأكل الأب الطعام الحار؟

3- أين ستذهب الأسرة في اليوم الثاني؟

4- كيف سيأخذ أحمد صورا للحيوانات؟

5- لمن سيكتب أحمد الرسائل؟

6- أين ستقضي الأسرة اليوم الرابع ظهرا؟

Q/198

1- خصوصا

B- specially

2- حديقة الحيوانات

C- zoo

3- نقضي

C- We spend

4- المتوحشة

B- wild

5- شعبية

B- public

6- ربما

A- may be

7- جميعا

B- all

8- بالتأكيد

B- certainly

Q/199

1- أحب الطعام الإيطالي كثيرا، خصوصا البيتزا.

2- في مدينة بيروت هناك حديقة حيوانات كبيرة وجميلة.

3- نقضي نهاية الأسبوع عادة مع الأصدقاء.

4- ما هي الحيوانات المتوحشة؟

5- أذهب عادة إلى الأسواق الشعبية، عندما أسافر.

6- كتبنا كثيرا من الواجبات اليوم ، وسنكتب البقية غدا.

7- ربما سأدرس في هذه الجامعة السنة القادمة.

8- سأشاهد هذا الفلم بالتأكيد.

Q/200

1- الفندق في مدينة دلهي.

2- ستزور الأسرة المتحف الوطني في اليوم الأول.

3- كل الأسرة تحب الأفلام الهندية.

4- ربما ستذهب الأسرة إلى مدن أخرى في بقية الأيام.

5- ستبقى الأسرة في الهند أسبوعا.

Q/201

1- خاطئة. اشترى إيف سان لرون البيت في حديقة (الماجوريل) من جاك ماجوريل.

2- صحيحة.

3- خاطئة. مصنع (سان لرون) في المغرب يبيع الملابس المغربية والأوروبية.

4- خاطئة. تفتح حديقة (الماجوريل) كل يوم (طَوال السنة).

5- خاطئة. ثمن التذكرة للدخول إلى الحديقة 30 درهما، وإلى المتحف 15 درهما.

Q/202

1- أين حديقة الماجوريل؟

2- من صاحب البيت في حديقة (الماجوريل) الآن؟

3- كيف يذهب السياح إلى حديقة الماجوريل؟

4- من أين جُمِعَت التحف العربية في المتحف الإسلامي في بيت (سان لرون)؟

5- متى تفتح حديقة (الماجوريل) في شهر رمضان؟

6- بكم تذكرة الدخول لحديقة الماجوريل؟

Q/203

1- مصمم الأزياء

B- fashion designer

2- يأخذ

C- to take

3- جمعت

C- to be collected

4- طوال

A- through out

5- ثمن

B- price

Q/204

1- مشهور

2- عام

3- يزورون

4- عائلة

5- حتى

Q/205

1- الماء في نهر النيل الأزرق كثير في الصيف.

2- نهر النيل يجري من الجنوب إلى الشمال.

3- نهر النيل مهم جدا للناس في الزراعة والصيد.

4- المصريون يأكلون السمك ويبيعونه أيضا.

5- الجو في مصر دافئ في الشتاء.

Q/206

1- يبدأ من بحيرة (تانا) في إثيوبيا.

2- يعملون عادة في الزراعة، وبعض الناس يصيدون السمك (الصيد).

3- يذهبون عادة في فصل الشتاء، لأن الجو دافئ في مصر في الشتاء.

4- يحبون المتاحف والآثار الفرعونية.

5- يأكلون الأطعمة المصرية والعربية، مثل السمك المشوي والدجاج المقلي والكباب والفلافل وغيرها.

Q/207

1- يجري

A- to flow

2- يأتي

C- to come

3- يستمر

B- to continue

4- الزراعة

B- agriculture

5- يصيدون

A- to fish

6- دافئ

C- warm

Q/208

1- سعر الليلة الواحدة فيه 4300 درهم.

2- أحمد سليمان من مصر، ويعمل في الكويت في شركة كبيرة.

3- نزل في الجناح البانورامي لليلة واحدة.

4- ذهب إلى السوق بتاكسي أمام الفندق.

5- مشى حول الفندق، وأخذ صورا كثيرة وجميلة للفندق وللبحر.

Q/209

1- للاحتفال بعيد زواجه.

2- الساعة الثالثة ظهرا.

3- جلب له بعض الجرائد والمجلات.

4- رجع إلى الكويت.

5- زوجته أيضا تحب الفندق.

Q/210

1- أين فندق برج العرب في منطقة (جميرة) في دبي؟

2- هل فندق برج العرب خمسة نجوم؟

3- ما (هي) مساحة الجناح العادي في فندق برج العرب؟

4- لماذا لا يسافر السياح إلى دبي في الصيف؟

5- لماذا نزل أحمد سليمان في فندق برج العرب؟

Q/211

1- يقع

C- to be located

2- مالك

A- owner

3- صمم

C- to design

4- كلف

B- to cost

5- جائزة

A- prize

6- جناح

B- suite

7- ذكرى زواجه

A- his wedding anniversary

8- وقت المغادرة

B- check-out time

9- مشى حول

A- to walk around

10- جلب

C- to bring

Q/212

1- تقع مدينة بغداد في وسط العراق.
2- مَن (هو) مالك هذا البيت؟
3- المهندسون اليابانيون صمموا هذه البنايات قبل سنتين.
4- السفر إلى أستراليا يكلف كثيرا.
5- حصلت أختي على جائزة كبيرة.
6- الجناح في كل فندق يكون عادة غاليا جدا.
7- هل ستذهبون إلى حفلة نادر بذكرى زواجه يوم السبت القادم؟
8- متى وقت المغادرة من الفندق، من فضلك؟
9- أمشى حول الحديقة عادة في نهاية الأسبوع.
10- ماذا ستجلبون لنا للعشاء!؟

Q/213

1- فندق برج العرب بعيد عن الشاطئ بِ 100 متر.
2- توم رايت هو مصمم فندق برج العرب.
3- كلف البناء لفندق برج العرب 650 مليون دولار أمريكي.
4- الجو في دبي في الصيف دافئ ومشمس.
5- الناس يتركون الفندق عادة الساعة الثانية عشرة ظهرا.

Q/214

السلام عليكم،

شكرا لكم على اختياري للإقامة في فندق برج العرب لليلة واحدة. أنا سعيد جدا بهذا، وسأكون في دبي في الشهر القادم. من فضلكم، أريد بعض المعلومات عن الفندق. كم يبعد الفندق عن مركز المدينة؟ وأي نوع من الحفلات والموسيقى تقدمون في الفندق؟ وهل يمكن أن أجلب كلبي الجميل معي؟ وأخيرا سمعت من بعض أصدقائي أن وجبات الفطور والغداء والعشاء في الفندق كلها مَجّانية! هل هذا صحيح؟

شكرا مرة أخرى، وأراكم قريبا.

ممتاز!

WELL DONE!

You have managed successfully to answer these questions and now you should get ready for the next challenge in the Intermediate Level in Part Two.

Ingram Content Group UK Ltd.
Milton Keynes UK
UKHW050721230323
418975UK00004B/11

9 781782 223511